Ramona van Zadel
Materialien und Kopiervorlagen
zur Klassenlektüre

Katja Reider

Tom in der Tinte

Hase und Igel®

Inhalt

80797 München, service@hase-und-igel.de
www.hase-und-igel.de
Lektorat: Patrik Eis, Sandra Hummel-Kuhn
Illustrationen: Silke Brix
Satz: Appel Grafik München GmbH
Druck: Joh. Walch GmbH & Co. KG, Im Gries 6,
86179 Augsburg, kontakt@walchdruck.de

ISBN 978-3-86316-127-9
3. Auflage 2026

Das Buch

Das Kinderbuch „Tom in der Tinte" von Katja Reider erzählt eine spannende Geschichte über Freundschaft und Loyalität und ist bestens als Lektüre für eine 3. oder 4. Klasse geeignet.

Tom findet seine Mutter ganz in Ordnung. Aber dann möchte sie unbedingt, dass er Dieter zu seinem Geburtstag einlädt. Ausgerechnet Dieter, den Klassenstreber, den niemand leiden kann! Tom ist sauer. So will er lieber gar nicht feiern.

Als sein bester Freund Jonas ihn kurz darauf um einen schwerwiegenden Gefallen bittet, hat Tom plötzlich ein viel größeres Problem: Soll er für Jonas tatsächlich einen Betrug begehen? Gerade als Tom so richtig in der Klemme steckt, ist zufällig Dieter der Einzige, der ihm helfen kann …

Katja Reider schildert diese spannenden Verwicklungen auf höchst sympathische und ansprechende Weise. Mit ihrem leichten und humorvollen Ton schafft sie es, direkt aus der Welt der Kinder zu erzählen und ihnen auf Augenhöhe zu begegnen. Ihre Lektüre stellt unaufdringlich die Frage danach, wie weit Freundschaft gehen darf. Die Schüler können sich ganz ohne „erhobenen Zeigefinger" eine Meinung bilden und auch ihr eigenes Verhalten reflektieren.

In den letzten Jahren wurde das Thema „Mobbing" leider auch an Grundschulen immer aktueller. Zu oft wird von den Beteiligten geschwiegen. Die Geschichte von Tom, Jonas und Dieter macht Mut zu sprechen. Sie lehrt uns, genauer hinzusehen, Dinge zu hinterfragen und offen anzusprechen.

Mit dem Viertklässler Tom können sich die Schüler gut identifizieren und seinen Gefühlen und Gedanken nachspüren. Das Buch bietet jede Menge Stoff zum Nachdenken und Diskutieren – und animiert zum Umschauen in der eigenen Klasse. Denn fast überall gibt es einen Tom, Jonas oder Dieter …

Als Titel der Reihe LEVEL 1, 2, 3 liegt das Buch in drei Lesestufen vor: Level 3 entspricht den normalen Anforderungen einer Lektüre für die dritte und vierte Klasse, Level 2 bietet eine gekürzte Fassung der Geschichte in Fibelschrift, Level 1 ist zusätzlich mit Silbenhilfe gesetzt. So werden insbesondere unbekannte Wörter auf Anhieb in der korrekten Silbierung gelesen und der Sinn des Textes erschließt sich einfacher und schneller. Da bei der Kürzung darauf geachtet wurde, dass der Inhalt jeder Buchseite weitgehend erhalten bleibt, können die drei Fassungen parallel innerhalb einer Lerngruppe eingesetzt werden. Sie eignen sich somit hervorragend zur Differenzierung.

Die Lektüre wurde von Silke Brix witzig und ausdrucksstark illustriert. Ihr comicartiger Stil fügt sich nahtlos ein und motiviert die Schüler zusätzlich.

Das Material

Das Material bietet abwechslungsreiche Aufgaben und greift die verschiedenen Themen der Lektüre auf. Im Lehrerteil finden Sie die Zusammenfassungen der Buchkapitel, Erläuterungen zu den Aufgaben, hilfreiche Hinweise zur Durchführung, sämtliche Lösungen sowie weiterführende Anregungen.

Die Kopiervorlagen sind vielfältig aufgebaut und bieten kurzweilige Übungen zum Leseverständnis, Rätsel, Rezepte, Experimente und Gemeinschaftsspiele. Bauchgefühlen wird nachgespürt, über Freundschaft nachgedacht und immer wieder der Bezug zur Lebenswelt der Kinder hergestellt. Wo eng am Buchtext gearbeitet wird, werden zwei Varianten angeboten, die auf die jeweilige Fassung (Level 1 und 2 oder Level 3) abgestimmt sind. Schließlich stellt Katja Reider sich in einem persönlichen Brief an die Kinder selbst vor und berichtet über die Entstehung des Buches und ihre Arbeit als Autorin.

Es ist wichtig, die eigenen Gefühle zu kennen, zu benennen und auch zu hinterfragen. Aus diesem Grund gibt es in diesem Band mehrere Kopiervorlagen, die sich damit befassen (siehe Seite 29, 45, 46 und 60). Die Schüler werden so für das Thema sensibilisiert und setzen sich auch mit ihren eigenen Gefühlen auseinander.

Die Lektüre kann mit der Lesestraße (siehe Seite 24) begleitet werden. Dabei lesen die Schüler in ihrem individuellen Tempo und lösen verschiedene Aufgaben. Durch die gezielte Auswahl bestimmter Übungen kann gemeinsam an den Themen des Buches gearbeitet werden. Schaffen Sie auch genug Freiräume für eigene Gedanken und für Gespräche zwischen den Kindern. Dadurch wird die Klassengemeinschaft gestärkt.

Viel Freude und Erfolg bei der Beschäftigung mit dem Buch und diesem Unterrichtsmaterial wünscht Ihnen und Ihrer Klasse

Ramona van Zadel

Vor der Lektüre

Einstiegsmöglichkeiten
Kinder sind neugierig – sicherlich auch auf die Lektüre, die gemeinsam mit der Klasse gelesen wird. Nutzen Sie diese Neugier und bereiten Sie für die Schüler Puzzles vor, die jeweils das Cover des Buches abbilden. In Kleingruppen fügen die Kinder die Teile zusammen und kleben das fertige Bild auf. Anschließend schreiben sie ihre Gedanken dazu auf die Rückseite des Blattes.

Sie können das Cover auch stark vergrößert auf ein Plakat kleben und darauf gemeinsam mit der Klasse Gedanken, Fragen und Ideen zu den einzelnen Personen und zur Geschichte notieren: Wer ist Tom? Wer sind die anderen Jungen? Was bedeutet „in der Tinte sitzen“? Warum sitzt Tom wohl in der Tinte? Das Plakat kann während der Lektüre oder am Ende nochmals besprochen werden. Beantworten Sie dann gemeinsam die offenen Fragen.

Sie können auch Hackbällchen, die Lieblingsspeise der Hauptfigur, mitbringen und am Ende der Einführungsstunde mit allen Kindern gemeinsam essen.

Ein Rezeptbüchlein erstellen
Da in der Lektüre Essen immer wieder eine Rolle spielt, wird dieses Thema auf den Kopiervorlagen aufgegriffen. Die bearbeiteten Rezepte können in einem Büchlein gesammelt werden. Legen Sie dafür A3-Bögen bereit.

1. Das Blatt wird in der Mitte einmal längs gefaltet.

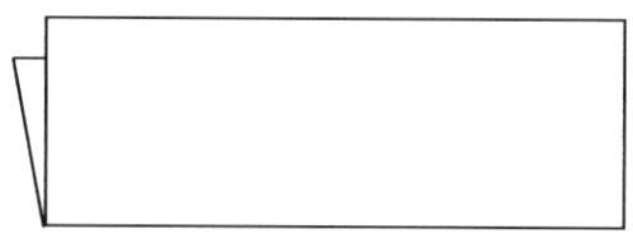

2. Der entstandene Streifen wird noch einmal in der Mitte gefaltet, sodass nun ein Heftchen der Größe DIN A5 entsteht.

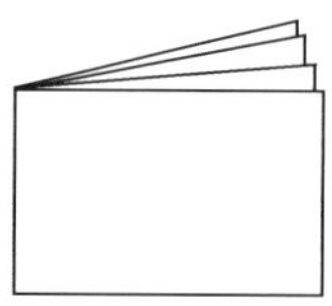

3. Die schmale, geschlossene Seite wird mit einem Tacker zusätzlich fixiert. Es sollte möglichst nah am Rand angesetzt werden, damit das DIN-A5-Format auf den Innenseiten erhalten bleibt.
4. Die Falze an den langen Seiten werden mit einem Brieföffner aufgeschnitten.

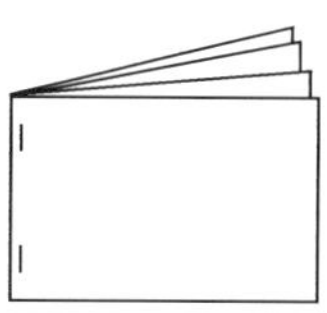

In dieses Büchlein kleben die Kinder die Rezepte und ergänzen eigene. Das vorderste Blatt wird bunt gestaltet. Natürlich sollten die Rezepte auch mit der Klasse ausprobiert werden.

Hinweise zu den Kopiervorlagen

KV Seite 24

Tom in der Tinte – Lesestraße
Die Lesestraße stellt eine zusätzliche Möglichkeit dar, den unterschiedlichen Lesefähigkeiten einer Grundschulklasse gerecht zu werden. Die ganze Klasse liest die gleiche Geschichte, allerdings nicht im selben Tempo, da sich die starken Leser hier oftmals unterfordert und die langsamen überfordert fühlen.

Allgemein gilt: In die Wegweiser werden die zu lesenden Abschnitte oder Kapitel eingetragen. Geben Sie diese vor. In die Wegstrecken werden die entsprechenden Aufgaben zur Lektüre notiert.

Die Schüler lesen immer einen bestimmten Abschnitt der „Straße“. Anschließend bearbeiten sie mindestens eine Aufgabe zum Inhalt der Lektüre. Nachdem die Aufgaben kontrolliert und korrigiert wurden, malt jedes Kind auf seiner Lesestraße den erledigten Wegabschnitt in seiner Lieblingsfarbe an. Zu sehen, wie ihr „Leseweg“ sich nach und nach mit Farbe füllt, motiviert die Schüler sehr. Sie sehen einerseits, was sie schon geschafft haben, und erhalten andererseits einen Überblick über den Umfang, der noch vor ihnen liegt.

Besprechen Sie vorab die beiden Regeln: „Ich darf mir einen besonderen Leseplatz suchen“ und „Die Aufgaben bearbeite ich an meinem Platz“. Legen Sie zur Kontrolle Briefumschläge mit den jeweiligen Lösungen aus. Die Schüler überprüfen ihre Ergebnisse selbstständig und korrigieren Fehler mit einem Farbstift. Dadurch können Sie zum einen die Fehlermenge der Kinder bei der Bearbeitung der Aufgaben überschauen und zum anderen die Qualität der Korrekturen kontrollieren.

Das Konzept der Lesestraße ermöglicht ein differenziertes Arbeiten für jeden Schüler. Entscheiden Sie, welche Aufgaben jedes Kind erledigen soll und was zusätzlich bearbeitet werden kann. Folgende zwei Möglichkeiten bieten sich an:

1. Erstellen Sie für jeden Schüler eine eigene Lesestraße mit unterschiedlich ausgefüllten Wegstrecken. Alle Kinder sollen sinnentnehmende Fragen zum Text bearbeiten. Differenzierend lösen lernstarke Schüler zusätzliche Aufgaben zu den einzelnen Themen der Lektüre. Diese Variante ist für Sie im Vorfeld etwas arbeitsintensiver.
2. Jeder Schüler erhält eine leere Lesestraße. Legen Sie die verschiedenen Aufgaben aus. Markieren Sie, welche Aufgaben erledigt werden müssen und aus welchen ausgewählt werden kann.

Der langsame Leser macht nur einen Teil der Aufgaben, der starke Leser bearbeitet mehr Aufträge. Jeder Schüler trägt die erledigten Aufgaben auf seinem Blatt ein.

Stehen Sie den Kindern während der Bearbeitungsphase beratend zur Seite. Die erledigten Aufgaben werden mit der Lesestraße zusammengeheftet und gesammelt. So entsteht nach und nach ein Leseheft zur Lektüre. Sie können es am Ende einsammeln. Wenn Sie es bewerten wollen, sollten Sie dies vorher ankündigen.

KV Seite 25

Wünsche und Meinungen
Um sehen zu können, wie Ihre Klasse aufgebaut ist, welche Gruppen vorhanden sind oder welche potenziellen Mobbingopfer es gibt, können Sie ein Soziogramm erstellen. Es hilft Ihnen, das vielfältige Beziehungsgeflecht Ihrer Klasse zu durchschauen. Nicht selten überrascht das Ergebnis und manchmal eröffnet sich eine unerwartete „Baustelle", an der gearbeitet werden muss.

Mit der Frage nach Sitzplatzwünschen kann unkompliziert ein Soziogramm vorbereitet werden. Die Schüler schreiben ihren Namen und drei weitere Kinder auf, neben denen sie gern sitzen würden.

Fassen Sie anschließend alle Angaben auf einem Blatt zusammen und markieren Sie die einzelnen Verbindungen mit Pfeilen. Auffälligkeiten werden dadurch ersichtlich: Welches Kind wird häufig „gewünscht", neben wem möchte niemand sitzen? Daran lässt sich recht zuverlässig der Beliebtheitsgrad der einzelnen Schüler festmachen. Da die „Lieblinge" der Klasse in der Regel auch Meinungsträger sind, ist dieses Wissen für Sie hilfreich, um eventuell regulierend eingreifen zu können. Bedenken Sie, dass ein Soziogramm nur für die Lehrerhand gedacht ist. Reflektieren Sie das Ergebnis und bauen Sie darauf das soziale Training mit Ihrer Klasse auf.

Mit den Papierfiguren und den Smileys (aus dem Projekt „Konfliktbehandlung an Schulen" von Jutta Wolf, Brücke München) können Sie relativ einfach mit der Klasse über die Figuren des Buches reflektieren. Bereiten Sie dafür vor Beginn der Lektüre ein vergrößertes Männchen vor sowie Kärtchen mit den Namen der wichtigsten Personen: Tom, Jonas, Dieter, Malte, Toms Mutter, Toms Vater. Legen Sie auch unbeschriftete Karten bereit, die nach Bedarf und „Zuruf" der Kinder beschriftet werden können. Außerdem brauchen Sie für jeden Schüler einen lachenden und einen weinenden Smiley. Führen Sie während der Lektüre immer wieder Reflektionsrunden über einzelne Personen und ihr Verhalten durch. Dabei wird in die Mitte des Sitzkreises eine Figur der Geschichte mit Namenskarte gelegt. Die Schüler halten jeweils einen Smiley hoch und begründen ihre Entscheidung. Die Bewertung der einzelnen Figuren wird im Laufe der Lektüre variieren, da diese zum Großteil eine Entwicklung durchmachen und ihr Verhalten sich positiv verändert. Indem die Schüler abschnittsweise Bewertungen abgeben, setzen sie sich intensiv mit den Figuren auseinander.

1. und 2. Kapitel: **Erwartungen**

Inhalt

Am Mittagstisch eröffnet Toms Mutter ihrem Sohn, dass er Dieter, seinen Klassenkameraden, zu seiner Geburtstagsfeier einladen soll. Tom versucht, ihr die Idee auszureden. Er berichtet von einer Situation, mit der er Dieter als Langweiler darstellen will. Dabei macht er unfreiwillig klar, dass Dieter in der Klasse ausgegrenzt wird. Toms Mutter besteht weiterhin auf der Einladung.

Wütend verbringt Tom den Nachmittag in seinem Zimmer. Schließlich mischt er sich auch nicht in die Freundschaften seiner Mutter ein! Erst als sie die Wohnung verlässt und einkaufen geht, kommt Tom heraus und isst sein Mittagessen zu Ende.

Gesprächs- und Schreibanlässe

Toms Geburtstagsfeier ist Anlass für einen Streit mit seiner Mutter.

- Wann hast du Geburtstag? Wie feierst du deinen Geburtstag?
- Wer bestimmt, wen du einlädst?
- Was musst du für deine Feier alles planen? Erstelle einen Plan.

Tom ist nach dem Streit mit seiner Mutter in seinem Zimmer.

- Wie ist das, wenn du Streit mit deiner Mutter oder deinem Vater hast?
- Wie vertragt ihr euch wieder?
- Was machst du, wenn du dich ärgerst?

Hinweise zu den Kopiervorlagen

KV Seite 26/27

Rätselhaft durchs 1. Kapitel

Dieses Rätsel liegt in zwei Varianten vor, weil eng am Text gearbeitet wird. Auf Seite 26 (für Level 1 und 2) müssen die Schüler zwei Wörter weniger eintragen. Die entsprechenden Buchstaben des Lösungswörts stehen schon da. Das Lösungswort dient als Selbstkontrolle.

Lösung Seite 26 (Level 1 und 2)

1. → HUNGER
2. → TOMATENSOSSE
3. → BENEHMEN
4. → GEBURT
R
5. → DIETER
6. → STREBER
7. → MALTE
8. → RATTEN
9. → SPINTIG
10. → SUPERLUSTIG
11. → FIES
12. → SPINNE
13. → SPÜLMASCHINE
E
14. → TÜR

Lösung Seite 27 (Level 3)

1. → HUNGER
2. → TOMATENSOSSE
3. → BENEHMEN
4. → GEBURT
5. → TOPSECRET
6. → DIETER
7. → STREBER
8. → MALTE
9. → RATTEN
10. → SPINTIG
11. → SUPERLUSTIG
12. → FIES
13. → SPINNE
14. → SPÜLMASCHINE
15. → RUHE
16. → TÜR

Lösungswort (für beide Varianten): GEBURTSTAGSFEIER

KV Seite 28

Merkwürdige Rezepte

In der Lektüre geht es häufig ums Essen. Für Rezepte gelten bestimmte Regeln. Die Kinder setzen sich damit auseinander, indem sie zuerst die Anweisung zum Nudelkochen in die richtige Reihenfolge bringen. In der zweiten Aufgabe streichen sie dann alle überflüssigen Hinweise und Kommentare durch. Die Kontrolle erfolgt am besten im Plenum anhand einer Folie oder am Whiteboard.

Bei beiden Rezepten ist keine Zutatenliste angefügt. Die Schüler können diese als Hausaufgabe selbst erstellen. Die bearbeiteten Texte können dann in das Rezeptbüchlein (siehe Seite 4) eingeklebt werden.

Lösung

Aufgabe 1:

Nudeln kochen

④ Lass die Spaghetti zehn Minuten kochen und rühre dabei ein paarmal um.

② Schütte in das kochende Wasser eine Packung Spaghetti.

⑥ Übergieße sie zum Schluss kurz mit kaltem Wasser – fertig!

① Bring einen Topf mit Salzwasser zum Kochen.

⑤ Stelle ein Sieb ins Waschbecken und schütte die bissfesten Spaghetti hinein.

③ Drehe die Temperatur etwas herunter, sodass die Spaghetti noch leicht vor sich hin köcheln.

Aufgabe 2:

Rühreier

1. Um Rühreier zu machen ~~– die übrigens sehr lecker sind –~~, brauchst du eine Zwiebel, vier Eier, etwas Milch, Salz, Pfeffer und Öl.
2. Schneide zuerst die Zwiebel in kleine Stücke. ~~Pass auf, dass du nicht weinen musst!~~
3. Brate die Zwiebel in einer Pfanne mit etwas Öl an. Rühre mehrmals um.
4. Schlage die Eier in ein Schälchen und gib einen Schuss Milch dazu~~, also fast den ganzen Rest~~. Rühre gut um. ~~Das macht stark.~~ Gib auch eine Prise Salz und etwas Pfeffer dazu.
5. Schütte die Ei-Milch-Mischung in die Pfanne. ~~Mmh, wie das duftet!~~ Rühre immer wieder mal um, bis das Ei eine goldgelbe Farbe hat.

Weiterführende Anregung

Zur Entspannung zwischendurch eignet sich die Massagegeschichte „Pizza backen". Dafür bilden die Schüler Paare. Die Geschichte wird zweimal durchgeführt, sodass jeder einmal massiert wird. Achtung: Nicht über die Wirbelsäule massieren!

1. Zuerst wird der Teig geknetet. – *Mit den Händen von oben nach unten kneten.*
2. Dann wird der Teig ausgerollt. – *Mit den Fäusten von innen nach außen streichen.*
3. Jetzt kommt die Tomatensoße darauf. – *Mit den Handflächen kreuz und quer über den Rücken streichen.*
4. Wir legen Schinken auf die Pizza. – *Mit zwei Fingern mehrmals auf den Rücken tippen.*
5. Wir legen geschnittenes Gemüse auf die Pizza. – *Mit allen Fingern mehrmals auf den Rücken tippen.*
6. Wir streuen Käse obendrauf. – *Mit allen Fingern schnell über den Rücken fahren.*
7. Jetzt backt die Pizza im heißen Ofen. – *Die Handflächen kurz aneinanderreiben, flach auflegen, ruhen lassen. Zweimal an verschiedenen Stellen des Rückens durchführen.*

KV Seite 29

Bauchgefühle

Gefühle sind eine komplizierte Sache und es fällt vielen Schülern schwer, sie zu benennen. Die Kinder beschäftigen sich zuerst mit Toms Gefühl „Wut". Welche Gefühle tragen sie selbst manchmal mit sich herum? Bieten Sie als Hilfe gegebenenfalls Karten mit verschiedenen Situationen an, die bestimmte Gefühle hervorrufen. Dadurch müssen sich die Schüler selbstständig mit Gefühlsbezeichnungen beschäftigen. Beispiele dafür sind:

- Du bist im Zirkus und siehst einen Clown, der eine Menge Unsinn macht.
- Du sitzt in deinem Zimmer und hast auf nichts Lust. Alles macht keinen Spaß.
- Du möchtest unbedingt ein Eis, aber deine Mama sagt: „Nein."
- Ein großer Hund rennt ganz schnell auf dich zu.
- In deinem Zimmer siehst du eine fette Spinne an der Wand.
- Dein bester Freund zieht in eine andere Stadt.
- Deine Schwester hat Geburtstag und bekommt viele Geschenke. Du nicht.
- Du musst vor der Klasse einen Vortrag halten, aber du bekommst kein Wort heraus.

Falls den Kindern nicht das genaue Wort einfällt, sie aber eine Umschreibung verwenden, ist das ebenfalls anzuerkennen. Die Mitschüler können weiterhelfen.

Lösung

Aufgabe 1:
WUT

Weiterführende Anregungen

- Gefühle können pantomimisch dargestellt und von den Mitschülern erraten werden.
- Bereiten Sie eine Gefühlsleiter vor. Malen Sie dafür eine Leiter auf Plakatpapier, an deren Sprossen seitlich verschiedene Gefühle dargestellt oder notiert sind. Laminieren Sie von jedem Kind ein kleines Foto. Mit ablösbarer Klebemasse kann nun jeder täglich sein Bild an die passende Gefühlssprosse setzen. So haben Sie und die Schüler die Stimmung aller Kinder im Blick und können sich entsprechend verhalten.

3. und 4. Kapitel: **Freunde**

Inhalt

Tom denkt über seinen besten Freund Jonas nach und über seinen ersten Schultag, an dem er ihn kennengelernt hat. Auf dem Weg zur Schule berichtet Tom seinem Freund von der Idee seiner Mutter, Dieter einzuladen. Jonas ist empört. Beide fragen sich, was die anderen Kinder wohl dazu sagen werden.

In der Pause erzählt Jonas lautstark, dass Tom Dieter zu seinem Geburtstag einladen soll. Tom ist verärgert, weil er das lieber geheim halten wollte. Schon bald kommt Malte, ein Mitschüler, auf ihn zu und teilt ihm mit: Wenn Dieter zur Feier kommt, kommt kein anderer mehr. Tom wiegelt ab und stellt fest, dass Dieter wahrscheinlich alles gehört hat. Tom macht sich Gedanken über Dieter und seine Außenseiterrolle. Seiner Meinung nach stellt er sich selbst ins Abseits und will mit den „Normalos" der Klasse nichts zu tun haben. Tom erinnert sich an sein Projekt für *Jugend forscht*, das er zusammen mit Jonas durchgeführt hat. Sie haben untersucht, ob das Wachstum von Pflanzen durch Musikbeschallung beeinflusst wird.

Gesprächs- und Schreibanlässe

Tom und Jonas gehen immer zusammen zur Schule.
- Wie kommst du zur Schule?
- Wie lange brauchst du?
- Beschreibe deinen Schulweg so genau wie möglich, damit ihn die anderen nachvollziehen können.

Tom beschreibt Jonas' Aussehen.
- Fertige einen Steckbrief über einen Freund oder eine Freundin an.

In der Schule erzählt Jonas überall herum, dass Tom Dieter einladen soll. Malte spricht laut über den „doofen Dieter".
- Wie fühlt sich Dieter wohl, als er das hört?

Hinweise zu den Kopiervorlagen

KV Seite 30

Freundschaft

Fragen zum 3. Kapitel müssen beantwortet werden. Die Schüler lesen gegebenenfalls in der Lektüre nach. Die letzten beiden Aufgaben orientieren sich ganz individuell an den Kindern. Das Akrostichon kann mit Einzelbegriffen (E hrlich) oder Wortgruppen (E rzählt viel) gebildet werden. Die Verwendung von Wörterbüchern kann hilfreich sein.

Lösung

Aufgabe 1:
1. Toms bester Freund heißt Jonas.
2. Er isst Müsli und ist nie fertig, wenn Tom ihn abholen will.
3. klein, Kringellocken, Supergrübchen beim Lachen

Weiterführende Anregungen

Das Thema „Freundschaft" kann vertiefend in verschiedenen Fächern behandelt werden.
- In Deutsch oder Ethik bietet sich die „Platzdeckchenmethode" an. Die Kinder sitzen in Vierergruppen zusammen. In der Mitte liegt ein Papierkreis, auf dem „Freundschaft bedeutet für mich …" steht. Jedes Gruppenmitglied erhält nun ein „Puzzlestück" und setzt den Satz aus der Mitte fort. Dabei überlegt jedes Kind für sich, es darf nicht gesprochen werden. Anschließend schieben alle Kinder ihr beschriebenes „Puzzlestück" an den Kreis in der Mitte heran. Reihum lesen die Schüler nun ihre Überlegungen vor. Gemeinsam soll in der Gruppe darüber gesprochen werden. Vertiefend gibt man den Kindern einen weiteren, leeren Zettel in die Gruppe, auf den sie das für alle Wichtigste aufschreiben. Anschließend wird im Klassenplenum darüber diskutiert. Wichtig dabei ist, dass keine Meinung falsch oder richtig und jede Äußerung wertvoll ist.
- Im Musikunterricht können Lieder zum Thema „Freundschaft" gesungen werden. Beispiele sind „Gute Freunde kann niemand trennen" von Franz Beckenbauer, „Freunde, gute Freunde" von Kurt Mikula, „Friends will be friends" von Queen und „Ein Freund, ein guter Freund" von den Comedian Harmonists. Viele Lieder findet man in bekannten Internet-Suchmaschinen.
- Im Werkunterricht werden „Freundschaftsbänder" geknüpft und verschenkt.
- Im Sportunterricht lassen sich zu zweit Vertrauensübungen sowie Gruppenspiele durchführen.

KV Seite 31

Dein erster Schultag

Nun ist es schon drei oder vier Jahre her, dass die Schüler, die dieses Buch lesen, selbst eingeschult wurden. Mit Fotos und vielleicht sogar Videos und ausgetauschten Erinnerungen wird diese Deutschstunde etwas nostalgisch. Gemeinsame Erfahrungen stärken zudem das Gemeinschaftsgefühl.

Lassen Sie vor dem Einkleben der Fotos die Kinder im Sitzkreis erraten, zu wem welches Bild gehört.

Um bei der Partnersuche für die zweite Aufgabe Unruhe zu vermeiden, können sich die Schüler mit den Augen suchen und sich zunicken, wenn sie sich „gefunden" haben. Anschließend dürfen sie an einem beliebigen Platz im Klassenzimmer mit dem Arbeitsblatt über den ersten Schultag sprechen. Machen Sie vorab auf die Wörterliste aufmerksam und erinnern Sie die Kinder daran, dass sie sich merken sollen, was sie von ihrem Partner erfahren. Schließlich halten sie das Gesprochene schriftlich fest. In der Tabelle gibt es eine leere Zeile. Hier tragen die Schüler selbst ein Thema ein, das sie mit ihrem Partner besprochen haben, beispielsweise Familie, Geschenke oder die erste Hausaufgabe.

KV Seite 32

In Bildern nacherzählt

Mit dieser Kopiervorlage fassen die Schüler den Inhalt des 4. Kapitels anhand von Bildern zusammen. Sie ergänzen jeweils die Leerstellen. Leistungsstarke Kinder lösen die Aufgabe zuerst ohne die Lektüre und kontrollieren ihr Ergebnis anschließend anhand des 4. Kapitels. Leistungsschwächere Kinder können zu zweit zusammenarbeiten und die Lektüre dabei verwenden.

Lösung

Malte sagt zu Tom: „Wenn der doofe Dieter zu deinem Geburtstag kommt, kommt keiner von uns!"

Bild: Dieter liest in einem Buch.

Bild: Dieter hängt an der Kletterstange wie ein nasser Sack.

Toms Mama liest ihm aus ihrem alten Tagebuch vor.

Bild: Ein Plakat von *Jugend forscht* hängt an der Pinnwand im Klassenzimmer.

Tom und Jonas wollen herausfinden, ob Pflanzen mit Musik besser wachsen.

KV Seite 33

Forscher gesucht

Toms Lehrerin stellt den Wettbewerb *Jugend forscht* vor. Erklären Sie Ihrer Klasse, worum es dabei geht *(www.jugend-forscht.de)*. Kinder experimentieren gern und finden die Ideen von Tom und seinen Klassenkameraden sicher interessant. Vor allem für Schüler, die spontan keine eigenen Ideen haben, bietet die Kopiervorlage eine Hilfestellung. Indem sie zu verschiedenen Themen hingeführt werden, fällt ihnen leichter ein Bereich ein, zu dem sie etwas ausprobieren möchten. Der anschließende Austausch in der Klasse wird eine Vielzahl von Ideen offenlegen, sodass in einem zweiten Schritt tatsächlich eine Experimentierphase in der Klasse stattfinden kann. Ideen können sein: der innere Aufbau eines Weckers, das Ausmessen der Wuchshöhe einer bestimmten Pflanze in einer bestimmten Zeit oder das Verhältnis von gutem und schlechtem Wetter an Sonn- und Montagen. Je mehr die Schüler erzählen, desto mehr wird ihre Fantasie angeregt und Erfahrungen werden wachgerufen.

Weiterführende Anregung

Die Schüler führen Interviews zum Thema *Jugend forscht*, sowohl in der Klasse untereinander als auch im Pausenhof mit anderen Schülern. Dazu fertigen sie zuerst einen Fragenkatalog an. Welche Themen sind bei den Kindern besonders beliebt? Wer hat schon ein Experiment durchgeführt? Worüber würden die Kinder gern etwas erfahren? Abschließend werden die Einzelmeinungen ausgewertet und in der Klasse besprochen.

KV Seite 34

Zwei Experimente

Auf dieser Seite werden zwei Versuche durchgeführt. Besprechen Sie vorab die Reihenfolge eines Experiments, die auch von den Schülern eingehalten werden soll:

1. Lies die Anweisung genau durch.
2. Notiere deine Vermutung, was passieren wird.
3. Führe das Experiment durch und beobachte genau, was passiert.
4. Schreibe deine Beobachtungen der Reihe nach auf.
5. Überlege dir, warum das so ist.

Im ersten Experiment erfahren die Schüler, wie das Wasser aus einiger Entfernung mithilfe eines nassen Fadens ohne zu tropfen in ein Glas gelangen kann. Halten Sie ausreichend Küchenpapier oder Tücher zum Trocknen bereit. Besprechen Sie vorab, dass der Krug sehr langsam gekippt werden muss, damit der gewünschte Effekt erzielt werden kann. Grundsätzlich gilt: Alle Versuche vorher selbst ausprobieren!

Der Hintergrund zu diesem Experiment ist folgender: Auf das Wasser wirken die Adhäsionskraft sowie die Kohäsionskraft. Adhäsion (lat.: *adhaerere* = anhaften) bewirkt, dass Körper sich gegenseitig anziehen und aneinander hängen bleiben. Durch die Adhäsionskraft bleibt also das Wasser am Faden haften. Kohäsion (lat.: *cohaerere* = zusammenhängen) bedeutet, die Wassermoleküle ziehen sich gegenseitig an, halten also zusammen.

Beim zweiten Experiment sollen die Schüler eine Kerze auspusten, die hinter einer Flasche steht. Wahrscheinlich vermuten sie, dass das nicht gehen wird. Die Überraschung ist, dass es doch funktioniert. Die Luft wird geteilt und strömt an der Flasche entlang. Hinter der Flasche fügt sie sich wieder zusammen und löscht die Kerze.

Regen Sie die Schüler an, mal stärker und mal leichter zu pusten. Welche Beobachtungen können sie machen? Funktioniert der Versuch auch, wenn sie statt der Flasche eine eckige Milchpackung verwenden? Wie weit entfernt kann die Kerze stehen, dass sie noch ausgepustet werden kann? Lassen Sie die Schüler experimentieren! Weisen Sie auf die richtige Handhabung mit Feuer hin.

5. und 6. Kapitel: **Tom steht allein da**

Inhalt

Toms Gedanken kreisen im 5. Kapitel um Dieter: um seine streberhafte Art, sein komisches Aussehen und seinen altmodischen Namen. Dass Toms Mutter betont, seinen Namen suche man sich nicht selber aus, wundert Tom nicht. Schließlich heißt sie in Wirklichkeit Adelheid, wird aber von allen nur Daisy genannt. Mit seinem eigenen Namen ist Tom ziemlich zufrieden. In seiner Klasse gibt es ein Mädchen namens Alina, das er ganz nett findet. Alina hat einmal einen Zettel in der Klasse herumgehen lassen, mit dem sie sich über Dieter lustig gemacht hat.

Als Tom von der Schule nach Hause kommt, gibt es sein absolutes Lieblingsgericht: Hackbällchen. Er merkt schnell, dass seine Mama gute Stimmung machen will. Tatsächlich fragt sie nach, ob Tom inzwischen Dieter zum Geburtstag eingeladen hat. Er verneint. Abends spricht er mit seinem Vater über Dieter und hofft, dass er seine Mutter umstimmen kann. Doch die Eltern sind einer Meinung. Tom fühlt sich allein und denkt darüber nach, wie es wohl wäre, wenn er Geschwister hätte.

Gesprächs- und Schreibanlässe

Tom denkt darüber nach, welche Sachen Dieter immer anhat. Bereits in der Grundschule geht es teilweise darum, was man trägt. Viele Familien haben allerdings nicht die Möglichkeit, viel Geld für Kleidung auszugeben. Nähern Sie sich differenziert und sensibel mit Ihrer Klasse diesem Thema.

- Was ziehst du am liebsten an?
- Wer entscheidet, was du anziehst?
- Gibt es Situationen, in denen du anziehen musst, was deine Eltern sagen?
- Welche Kleidung findest du cool und warum?
- Machen „coole“ Klamotten auch cool?

Als Tom nach Hause kommt, hat seine Mutter ihm sein Lieblingsessen gekocht.

- Was ist dein Lieblingsessen?
- Welches Gericht kannst du überhaupt nicht ausstehen?
- Gibt es besondere Anlässe, an denen dein Lieblingsessen gekocht wird?

Hinweise zu den Kopiervorlagen

KV Seite 35/36

Rätselhaft durchs 5. und 6. Kapitel
Mit diesem Rätsel, das in zwei Varianten vorliegt, wird die Textkenntnis der Kapitel 5 und 6 geprüft. Auf Seite 35 (für Level 1 und 2) helfen Seitenzahlen bei der Suche nach den neun Begriffen. Außerdem stehen bereits einige Buchstaben des Lösungsworts im Rätselgitter. Es stammt aus dem 6. Kapitel.

Lösung (für beide Varianten)

1.		2.		3.		4.		5.		6.		7.		8.		9.
								D								
				P		P		U				C				
		D		U		L		R		D		H		A		L
		I		D		A		C		A		A		U		I
M	Ä	N	N	E	R	G	E	H	E	I	M	N	I	S	S	E
A		G		L		E		S		S		C		G		B
T		E		M				I		Y		E		E		L
H		R		Ü				C						G		I
E				T				H						R		N
				Z				T						E		G
				E				I						N		
								G						Z		
														T		

Lösungswort: MÄNNERGEHEIMNISSE

KV Seite 37

Namen, Namen, Namen

Im 5. Kapitel beschäftigt sich Tom mit Vornamen. Das Thema „Namen“ ist Schülern allgemein sehr wichtig und deshalb besonders motivierend für sie. Hier geht es um Nachnamen. Die Schüler setzen sich damit auseinander, wie Nachnamen entstanden sind. Zuerst allein, dann in Gruppen. Achten Sie darauf, dass die Gruppengröße etwa bei drei oder vier Kindern liegt. Die Schüler sollen am Ende ein Plakat gestalten, mit dem sie ihre Ergebnisse vorstellen. Vieles ist möglich: Es können eine Mindmap angelegt, kleine Bilder gemalt, kurze Texte geschrieben oder auch Diagramme gezeichnet werden. Je nach Vorwissen Ihrer Klasse sollten Sie vorab verschiedene Möglichkeiten vorstellen und mit den Schülern besprechen.

Vertiefend können weitere Informationen im Internet recherchiert sowie Umfragen oder leichte Statistiken zu den Namen der Schüler erarbeitet werden.

Weiterführende Anregungen

- Mit Büchern zu den Bedeutungen von Namen können die Kinder ihre eigenen Namen genauer untersuchen: Herkunft, Verwandtschaften, Abkürzungen, Koseformen. Über eine Internetrecherche kann man außerdem die aktuell beliebtesten Vornamen erfahren.
- Kinder mit Migrationshintergrund können über typische Namen aus anderen Ländern berichten.
- Es gibt viele Lieder mit und über Vornamen. Wer kann eine eigene Strophe mit dem eigenen Namen oder dem Namen eines Freundes dichten?

KV Seite 38

Fair oder unfair?

Diese Kopiervorlage bezieht sich auf das 5. Kapitel „Wenn einer schon Dieter heißt …“. Die Schüler reflektieren Alinas und Maltes Verhalten. Ist es richtig oder falsch? Indem sie Stellung beziehen müssen, setzen sie sich intensiv damit auseinander.

Am Ende werden allgemeingültige Aussagen für faires Verhalten angeboten, welche die Schüler bewerten. Sie übertragen so die Erfahrung mit der Lektüre auf verschiedene Situationen im (Schul-)Alltag.

Lösung

Aufgabe 1:

1. Alina mag Dieter nicht.
   Dieter ist nicht willkommen in der Klasse und soll lieber fernbleiben.
2. Er beschießt ihn mit einem Papierflieger.

Aufgabe 2:

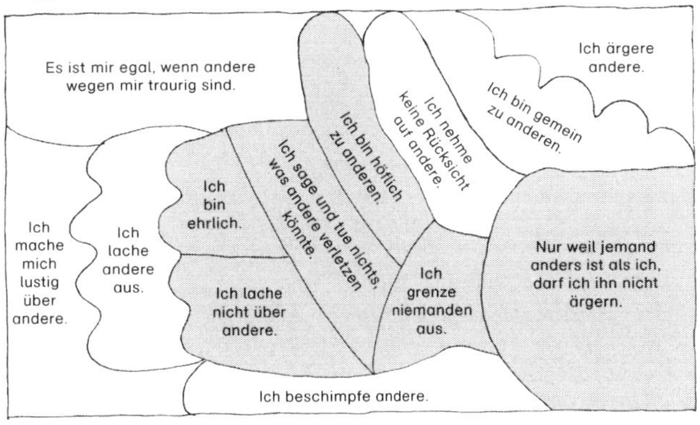

Weiterführende Anregungen

- Toms Aussage, Dieter habe Schuld an den zusätzlichen Hausaufgaben, wird sicher von manchen Schülern als „richtig“ erachtet. Diskutieren Sie darüber, wieso Dieter keine Schuld hat. Wer ist verantwortlich? Das Gespräch kann auch als Pro-und-Kontra-Diskussion durchgeführt werden. Wählen Sie dafür sechs Kinder aus, die mit der Aussage konfrontiert werden. Drei Schüler argumentieren dafür, drei Schüler dagegen. Zusätzlich wird ein neutraler Gesprächsführer gewählt. Alle anderen Schüler sind Beobachter und verfolgen das Gespräch. Jeder Diskussionsteilnehmer hat eine vorgegebene Redezeit, in der er seine Argumente anbringen darf. Dabei müssen Grundregeln beachtet werden wie z. B. Redezeit, Freundlichkeit, ausreden lassen, beim Thema bleiben. Der Gesprächsführer bestimmt, wer reden darf, und fasst zum Schluss das Gesagte zusammen. Zu welcher Lösung kommt die Klasse am Ende?
- Fairplay ist ein Begriff aus dem Sport. Was können die Schüler dazu sagen? Bestimmt werden einige Kinder von ihren Erfahrungen mit Fußball oder dem Vereinsleben berichten können. Übertragen Sie die Sportregel auf die Lektüre.

KV Seite 39

Gedanken

Auch diese Kopiervorlage bezieht sich direkt auf das 5. Kapitel. Um sich in Dieter und seine Situation in der Klasse hineinversetzen zu können, beschäftigen sich die Kinder zuerst mit dem Bild. Welche Gedanken gehen Dieter durch den Kopf? Wie fühlt er sich wohl? Wie würden die Schüler sich fühlen? Sie können die dargestellte Situation „persönlich nehmen“ und auf sich selbst übertragen. Dadurch sind sie für die nächste Aufgabe sensibilisiert. Auf die konkreten Beispiele zu reagieren ist allerdings nicht einfach. Welche Lösungen finden die Schüler? Sie werden für ihr kameradschaftliches Verhalten mit einem „Daumen nach oben“ belohnt. Das stärkt zusätzlich das Verständnis für falsch und richtig.

Beispiellösung
Aufgabe 1:
Dieter: Niemanden interessiert es, was ich zu sagen habe. Am liebsten wäre ich gar nicht hier.
Malte: Das ist sooo langweilig. Ich schlafe gleich ein.

Aufgabe 2:
1. Ich reiche den Zettel nicht weiter, sondern werfe ihn in den Müll.
2. „Ich finde das nicht sehr witzig. Stell dir vor, das würde jemand über dich schreiben."
3. „Das ist gemein. Lass es bleiben."
4. „Was ist denn mit dir los, Malte? Warum machst du das?"

KV Seite 40

Verdächtig gutes Essen
Diese Kopiervorlage bezieht sich auf das 6. Kapitel. Toms Mama bereitet ihm sein Lieblingsessen zu, um ihn umzustimmen. Auch der Vater nascht heimlich mit seinem Sohn Schokolade. Durch kleine Naschereien oder leckeres Essen versuchen die Eltern, Tom für sich zu gewinnen. Sie können vertiefend den Spruch „Liebe geht durch den Magen" besprechen.

Danach füllen die Schüler die Tabelle aus und beleuchten die häusliche Situation. Die Essgewohnheiten sind in jeder Familie anders. Lassen Sie anschließend die Kinder im Sitzkreis von ihren Ergebnissen berichten.

Lösung
Aufgabe 1:
Hackbällchen mit Bratkartoffeln

Aufgabe 2:
Toms Papa teilt mit ihm einen Schokoriegel.

Aufgabe 3:
z. B. Beide wollen bei Tom gute Stimmung verbreiten. Seine Mutter möchte, dass er seine Meinung über Dieter ändert und ihn doch noch zu seinem Geburtstag einlädt. Sein Vater möchte einen schönen Moment mit Tom erleben, indem er mit ihm eine kleine Leckerei teilt.

KV Seite 41

Leckere Rezepte
Tom schwärmt von den Kochkünsten seines Vaters. Sein Lieblingsgericht sind Hackbällchen. Die Schüler fügen die Mengenangaben richtig ein. Dafür müssen sie sich das Rezept zuerst sorgfältig durchlesen und die Angaben von unten logisch zuordnen. Da in der Lektüre das Thema „Essen" immer wieder eine Rolle spielt, bietet es sich an, auch mit der Klasse zu kochen oder zu backen. Das gemeinsame Vorbereiten und anschließende Essen stärkt das Gemeinschaftsgefühl ungemein. Wenn Ihnen die Hackbällchen zu aufwendig sind, bietet sich die süße Himbeerbutter an. Sie lässt sich ohne großen Aufwand und für viele Kinder in Gruppen herstellen. Kinder mit Migrationshintergrund werden zudem gern Rezepte aus ihrem Herkunftsland und somit einen Teil ihrer Kultur vorstellen.

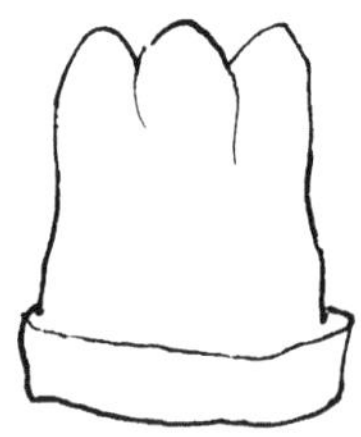

Die Rezepte können im Rezeptheft (siehe Seite 4) gesammelt werden.

Lösung
<u>eine mittelgroße</u> Zwiebel
<u>200 g</u> gemischtes Hackfleisch
<u>3 EL</u> Paniermehl oder Semmelbrösel
<u>1</u> Ei

KV Seite 42

Unser Freundschaftsrezept
Mit diesem Rezept wird das Thema „Freundschaft" auf witzige Art und Weise aufgegriffen. Um es zu entwickeln, müssen sich die Partner zuerst über ihre Vorstellungen von Freundschaft austauschen und diese vergleichen. Es können auch mehr als zwei Schüler zusammenarbeiten. Über die vorbereitenden Fragen wer-

den die Kinder zum Sprachgebrauch, der bei Rezepten üblich ist, geführt. Sie denken sich lustige Maßeinheiten aus, legen wichtige Voraussetzungen für eine Freundschaft fest und entscheiden, wie alles zusammengefügt werden soll. Die Schüler schreiben das Rezept dann in ganzen Sätzen in typischem Rezeptstil auf. Im Sitzkreis kann am Ende jede Gruppe ihr ganz persönliches Freundschaftsrezept vorstellen.

7. und 8. Kapitel: **Unter Druck**

Inhalt

Überraschenderweise kündigt Spinne für übermorgen einen Mathetest an. Malte und Jonas sind geschockt: Sie befürchten, dass sie eine weitere schlechte Note erhalten werden. Jonas geht sogar so weit, dass er seine Versetzung gefährdet sieht. Da hat Malte eine Idee: Tom soll im Lehrerzimmer den Mathetest heimlich kopieren! Weil er dort die Pflanzen gießt, sei das ein Kinderspiel. Tom ist damit überfordert. Doch Malte und Jonas sehen die Aktion als Freundschaftsdienst und erwarten von ihm, dass er ihnen hilft.

Tom geht es überhaupt nicht gut. Er hat große Angst vor dem Vorhaben. Den ganzen Tag über ist er nervös und nachts hat er einen schrecklichen Albtraum. Seine Mutter weckt ihn. Sie ist besorgt, doch er erzählt ihr nichts von dem Plan.

Gesprächs- und Schreibanlässe

Der Mathetest kommt für Jonas sehr überraschend.
- Wie lernst du?
- Welche Tipps kannst du deinen Mitschülern für ein erfolgreiches Lernen geben?
- Was machst du, wenn ein Test für den nächsten oder übernächsten Tag ansteht?

Am Abend vor der Kopieraktion geht es Tom nicht gut.
- Wann bist du aufgeregt?
- Erzähle von einer Situation, bei der du vor Aufregung nicht einschlafen konntest.
- Was hilft in solchen Momenten?

Tom steht wegen der Aktion unter großem Druck.
- Darf Jonas das von Tom verlangen?
- Darf man einem Freund sagen, wenn man etwas nicht für ihn tun möchte?
- Wäre Tom feige, wenn er es nicht macht?

Hinweise zu den Kopiervorlagen

KV Seite 43/44 **Rätselhaft durchs 7. Kapitel**
Auch diese Aufgabe zur Prüfung der Textkenntnis des 7. Kapitels liegt in zwei Varianten vor. Auf Seite 43 helfen wieder Seitenzahlen bei der Suche nach den Begriffen. Außerdem sind einige Buchstaben bereits vorgegeben.

Lösung (für beide Varianten)
Spinne kündigt einen Mathetest an. Für ÜBERMORGEN! Der Test soll den Schülern angeblich eine Chance geben, ihre Noten zu VERBESSERN. Doch Malte kriegt sofort GLASIGE Augen. Auch Jonas will die Klasse nicht WIEDERHOLEN. Da haben Jonas und Malte eine Idee: Tom soll den ZETTEL mit den Aufgaben heimlich beim Pflanzengießen auf den KOPIERER legen. Tom kapiert nur langsam. Dann fällt der GROSCHEN. Er hat eigentlich keine Nerven für solche Aktionen. Aber der Vorschlag erscheint ihm als einzige Möglichkeit, Jonas zu RETTEN. Deshalb stimmt Tom schließlich zu.

Lösung: NASS GESCHWITZT

KV Seite 45 **Gefühlschaos**
Tom hat viele negative Bauchgefühle. Die Schüler beschäftigen sich auf diesem Blatt damit. Warum schafft Tom es nicht, Nein zu sagen? Die Kinder haben sicher eigene Erfahrungen mit schlechten Bauchgefühlen und möchten eventuell davon berichten. Gehen Sie auch darauf ein, was man gegen solche Gefühle tun kann.

Lösung
Aufgabe 1:
Tom soll im Lehrerzimmer heimlich den Mathetest kopieren.

Aufgabe 2:
kalt und heiß zugleich, durcheinander, verwirrt, übel, unglücklich, ängstlich

Aufgabe 3:
Er möchte Jonas helfen, damit er nicht sitzen bleibt.
Tom will nicht feige sein.
Er hat Angst, alle Freunde zu verlieren.
Tom will nicht ohne Jonas in der Klasse sein.

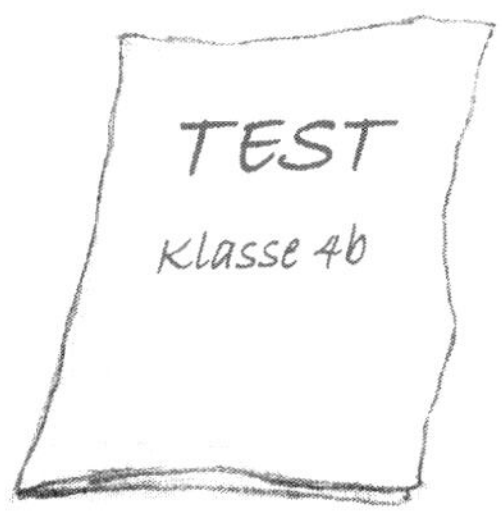

Weiterführende Anregungen
- Gefühle lassen sich auf vielfältige Weise wiedergeben und beschreiben. Oft spielt der Bauch eine Rolle dabei. Manchmal machen schlechte Gefühle richtig krank. Greifen Sie die Redewendungen „bei einer Sache Bauchschmerzen haben", „auf seinen Bauch hören", „Schmetterlinge im Bauch haben" oder „eine Bauchentscheidung treffen" auf und klären Sie die Bedeutungen. Hatten die Schüler diese Gefühle schon einmal? In welchen Situationen?
- Teilen Sie die Kinder in Dreiergruppen ein. Wie hätte die Situation zwischen Tom, Jonas und Malte auch ausgehen können? Die Gruppen stellen ihre Ideen in einem Rollenspiel nach. Im Plenum werden die verschiedenen Lösungen anschließend vorgestellt.

KV Seite 46

Gefühlsgedichte
Die Schüler beschäftigen sich mit ihren Gefühlen. Um sie wiederzugeben, greifen sie auf die verschiedenen Gedichtformen zurück. Besprechen Sie vorab die drei Möglichkeiten. Beispiele über Toms Wut sind als Hilfe bereits auf dem Arbeitsblatt vorgegeben. Die Schüler können thematisieren, welches Gefühl sie momentan in der Klasse haben. Oder sie denken an ihre Familie, einen guten Freund, ein bestimmtes Schulfach oder eine Situation, die sie kürzlich erlebt haben, und schreiben darüber.

Das Thema „Gefühle" sollte behutsam behandelt werden. Wer möchte, darf seine Ergebnisse laut vortragen. Wer das nicht möchte, wird nicht dazu gezwungen. Weisen Sie die Kinder darauf hin, dass die Vorträge nicht kommentiert werden sollen.

KV Seite 47

Toms Albtraum
Toms Albtraum wird anhand der Illustration anschaulich dargestellt. Die Schüler versuchen zu beschreiben, welche Bedeutung die einzelnen Teile des Bildes haben. Sie sollen Toms schlechtes Gewissen und seine Angst wiedererkennen. Daraus leiten sie einen Ratschlag ab, den sie Tom geben würden. Indem sie sich mit Toms schwieriger Situation auseinandersetzen, finden sie indirekt Handlungsalternativen für ihr eigenes Tun.

Lösung
Aufgabe 1:

Aufgabe 2:
z. B. Tom geht es schlecht. Weil er der Sache nicht gewachsen ist und keinen Ausweg findet, träumt er davon. Er fühlt sich so hilflos und klein wie ein Käfer. Alles um ihn herum wächst ihm über den Kopf. Die Gefahr, dass er erwischt werden könnte oder sein Lehrer etwas merkt, wird durch die bedrohliche Spinne ausgedrückt.

Weiterführende Anregungen
- Nehmen Sie die Schüler mit auf eine Fantasiereise. Hier können sie angenehme Träume bewusst erleben.
- Im Musikunterricht kann zu klassischer Musik und mit Tüchern ein Traumtanz erlernt werden.

KV Seite 48

Schülerträume
Die Schüler machen sich über ihre eigenen Schlafgewohnheiten Gedanken. Wer bringt sie ins Bett? Wurde ihnen schon einmal gesagt, dass sie nachts mit den Zähnen knirschen, sprechen oder sogar schlafwandeln? Sind sie morgens sofort wach oder brauchen sie einige Zeit, um in Fahrt zu kommen?

Aus der Erinnerung malen sie anschließend einen eigenen Traum auf. Es kann ein guter oder ein schlechter Traum sein. Sie verwenden dafür Farbstifte. Falls den Kindern spontan kein Traum einfällt, kann die Aufgabe im Laufe der Woche erledigt werden. Sie können sich dann einen Traum direkt nach dem Aufstehen merken und diesen aufmalen. Zum Abschluss legen die Schüler ihr Blatt in die Mitte eines Sitzkreises und erzählen dazu. Das geschieht jedoch freiwillig.

9. und 10. Kapitel: **Unerwartetes**

Inhalt

Der Tag, an dem Tom sein Vorhaben ausführen soll, ist da. Bis zum Schluss hofft er, dass Jonas ihn aus seinem Versprechen entlassen wird. Er fühlt, dass sich etwas verändert hat zwischen ihm und seinem Freund. Auch über Malte und seine „Wichtigkeit" macht Tom sich zum ersten Mal Gedanken. Malte berichtet ihm, dass das Lehrerzimmer in der Pause erfreulicherweise leer sein wird, da die Lehrer eine Besprechung haben. Im Unterricht ist Tom angespannt und nervös. Mit dem Klingeln geht er „wie aufgezogen" los.

Tatsächlich ist niemand im Lehrerzimmer. Tom sieht den Mathetest und nimmt ihn an sich. Er weiß, dass der Betrug jetzt begonnen hat. Er geht zum Kopierer, doch der muss erst angeschaltet werden. Seine Nervosität wächst. Als er die Kopie machen möchte, passiert die Katastrophe:

Der Kopierer hat einen Papierstau! Fix und fertig mit den Nerven läuft Tom aus dem Lehrerzimmer, sicher, dass nun alles aus ist. Da prallt er mit Dieter zusammen. Heulend berichtet er von seinem Schlamassel. Dieter hilft ihm kurzerhand. Er behebt das Problem und kopiert den Test noch einmal. Gleich nachdem alles wieder an seinem Platz ist, kommt Spinne ins Lehrerzimmer. Er bemerkt nichts und Tom kann unbehelligt in die Pause gehen.

Gesprächs- und Schreibanlässe

Tom muss sich um die Pflanzen im Lehrerzimmer kümmern.
- Welche Dienste hast du?
- Wie oft werden die Dienste gewechselt?
- Was gefällt dir an den Diensten? Was nicht? Warum?

Tom gerät im Lehrerzimmer in Panik und läuft davon.
- Hast du auch schon mal etwas getan, wovon du wusstest, dass es falsch ist?
- Wie hast du dich dabei gefühlt? Ging es dir ähnlich wie Tom?
- Wie ist die Situation ausgegangen?

Als Tom davonrennt, stößt er mit Dieter zusammen.
- Wie fühlt sich Tom, als er Dieter alles erzählt?
- Was denkt Dieter wohl, als Tom ihm alles erzählt?
- Schreibe die Szene um und berichte aus der Sicht von Dieter.

Hinweise zu den Kopiervorlagen

KV Seite 49

Es geht los!
Tom hofft bis zum Schluss, dass er die Aktion abblasen kann. Leider treten Malte und Jonas nicht von ihrer Bitte zurück. Stattdessen ignorieren sie, wie es Tom bei der ganzen Sache wohl geht. Tom macht sich deshalb Gedanken über Malte. Indem die Schüler diese Gedanken nachschlagen und zusammenfassend notieren, festigen sie das Gelesene. Kennen die Kinder auch jemanden, der sich wie Malte benimmt? Geht es ihnen damit genauso wie Tom?

In der zweiten Aufgabe beantworten sie Fragen dazu, wie weit ihre Freundschaft geht. Für manche ist es völlig in Ordnung, für einen Freund aufzuräumen, für andere schon nicht mehr. Die Schüler haben meist ein sicheres Gespür für das, was richtig und was falsch ist. Es ist nicht immer leicht, Nein zu sagen. So ergeht es auch Tom. Ihm ist klar, dass sein Vorhaben nicht richtig ist, er weiß aber nicht, wie er sich gegen seine Freunde durchsetzen soll. Fragen Sie beim Besprechen der Ergebnisse die Schüler auch immer nach einer Begründung für ihre Entscheidung.

Lösung
Aufgabe 1:
z. B. Mag ich Malte wirklich? Er ist in der Klasse irgendwie „wichtig": Jeder lacht über seine Witze, jeder lädt ihn zum Geburtstag ein und hört darauf, was er zu sagen hat. Warum?

Weiterführende Anregungen

- Wie könnte die Geschichte nach dem 10. Kapitel weitergehen? Was tut Tom wohl? Die Kinder schreiben ihre Ideen auf ein Blatt und besprechen diese anschließend.
- Bereiten Sie Zettel vor, auf denen verschiedene Dinge stehen, die man für einen Freund tun oder die ein Freund verlangen könnte. Im Sitzkreis zieht nun ein Schüler einen Zettel und liest ihn laut vor. Anschließend wird gemeinsam darüber diskutiert. Formulieren Sie die Situationen so, dass Raum für Interpretationen bleibt. Die Schüler können so selbst definieren, was für sie noch in Ordnung ist und was nicht. Vorschläge:
  - Dein Freund sagt: Mach meinen Klassendienst, ich hab gerade keine Lust dazu.
  - Dein Freund sagt: Bring mir doch die Hausaufgaben vorbei, ich bin krank.
  - Dein Freund sagt: Geh zu dem Schüler da drüben und nimm dir mal den Fußball. Jetzt wollen wir spielen.
  - Dein Freund sagt: Lass mich bei der Probe abschreiben, ich hab nicht gelernt.
  - Dein Freund sagt: Bring mir doch morgen ein paar von deinen leckeren Keksen mit.
- Spielen Sie im Sportunterricht das bekannte und beliebte Spiel „Simon sagt“.

KV Seite 50

Musik erzählt Geschichten

Im 9. Kapitel steigert sich Toms Aufregung stetig. Das lässt sich gut mit Musikinstrumenten umsetzen. Bearbeiten Sie die Aufgaben zuerst gemeinsam mit der Klasse. Besprechen Sie die Instrumentennamen und halten Sie diese an der Tafel fest, sodass die Kinder sich später daran orientieren können. Geben Sie auch die Möglichkeit, die Instrumente auszuprobieren. Wie klingen diese? Die Benennung der Klänge und ihrer Wirkung ist anspruchsvoll. Sammeln Sie deshalb zuerst gemeinsam passende Begriffe, aus denen die Schüler anschließend selbstständig auswählen können, z. B. tief, dunkel, bedrohlich, klar, hoch. Je nach Spielweise können die Bezeichnungen variieren. Halten Sie die Kinder dazu an, die Instrumente mal schnell, mal langsam, mal laut und mal leise zu spielen. So erhalten sie ein kleines Klangrepertoire, auf das sie beim Nacherzählen der Geschichte zurückgreifen können.

Die Schüler beurteilen sich schließlich gegenseitig und sagen, ob sie die musikalische Umsetzung jeweils passend fanden oder nicht.

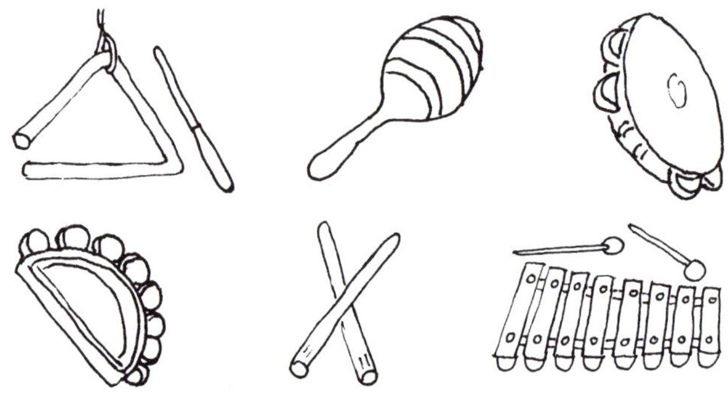

Beispiellösung

Aufgabe 2:

Triangel: hell, leicht, fein, exakt – Rassel: unruhig, aufgeregt, ungeordnet – Tamburin: stark, laut, tief – Schellenkranz: lustig, bewegt, fidel – Klanghölzer: kurz, streng, dumpf – Xylofon: hell, klar, melodiös, bewegt

Weiterführende Anregung

Eine etwas aufwendige, aber durchaus reizvolle Möglichkeit ist die Übersetzung des kompletten Kapitels (oder sogar des ganzen Buches) in Musik. Hierbei sollte für jede Hauptfigur ein bestimmtes Instrument und eine kleine Melodie festgelegt werden. Ein oder mehrere Sprecher „führen“ durch die Lektüre und lesen vor, was nacheinander passiert. Schlüsselstellen werden gesondert vorbereitet und musikalisch unterstrichen. Das wunderbar umgesetzte musikalische Märchen „Peter und der Wolf“ von Sergei Prokofjew kann als Beispiel und Vorbild dienen und mit den Kindern auszugsweise angehört werden. Nehmen Sie am Ende das Ergebnis der Klasse auf.

KV Seite 51/52

Was ist richtig?

Die Schüler lösen die Textverständnisaufgaben zum 10. Kapitel, die in zwei Varianten vorliegen, nach Möglichkeit zunächst ohne Lektüre. Erst zur anschließenden Kontrolle nehmen sie das Buch zur Hand. Bei der Variante für Level 1 und 2 gibt es wieder Seitenangaben als Hilfe.

Lösung (für beide Varianten)

Aufgabe 1:

1. Aber das Lehrerzimmer ist im zweiten Stock.
2. Der Kopierer steht direkt vor dem Lehrerzimmer.
3. Ich biege um die Ecke und pralle voll mit jemandem zusammen.
4. Dieter lässt das Buch sinken und starrt mich verwundert an.
5. Zu meinem Entsetzen spüre ich, wie mir Tränen in die Augen schießen.
6. „Ich wollte den Zettel mit dem Mathetest kopieren."
7. Aber Dieter packt mich plötzlich am Arm.

11. und 12. Kapitel: **Der Wahrheit ins Auge sehen**

Inhalt

Tom läuft auf den Schulhof. Er ignoriert Malte und Jonas und geht direkt zu Dieter. Das erste Mal sieht er ihn so richtig an. Dieter unterbricht ihn bei seiner Musterung und gibt ihm den kopierten Test. Tom bedankt sich für seine Hilfe und lädt ihn zu seiner Geburtstagsfeier ein. Doch Dieter ist skeptisch und will wissen, ob das Gespräch zwischen seiner und Toms Mutter der Grund für die Einladung ist. Dann erzählt er Tom, dass sich seine Mutter immer Sorgen macht, seit sein Vater die Familie vor einigen Jahren verlassen hat. Tom erkennt, dass er eine falsche Vorstellung von Dieter und seinem Leben hatte, und ist froh, als Dieter die Einladung schließlich annimmt. Er geht zu Malte und Jonas und übergibt ihnen den Test. Nebenbei beleidigt Malte Dieter und nennt ihn „den Doofen". Tom reagiert diesmal und weist Malte zurecht. Er verkündet außerdem, dass Dieter zu seinem Geburtstag kommen wird – ganz egal, was Malte davon hält.

Am Abend beichtet Tom alles seiner Mutter. Sie ist erschrocken und macht Tom klar, dass es sich um Betrug handelt und Spinne immer noch misstrauisch werden kann. Sie sagt zu ihm, dass er richtig „in der Tinte" sitzt. Tom fühlt sich immer schlechter, als er das Ausmaß dessen begreift, was er getan hat. Den Vorschlag der Mutter, Spinne anzurufen und ihm die Wahrheit zu sagen, lehnt er jedoch entsetzt ab. Als Tom erklärt, er habe das alles nur für seinen Freund Jonas getan, erwidert seine Mutter, dass er ihm damit keinen Gefallen getan hat und es nicht fair von Jonas war, Tom so unter Druck zu setzen. Am nächsten Morgen holt Tom Jonas zum ersten Mal nicht ab, sondern geht allein zur Schule.

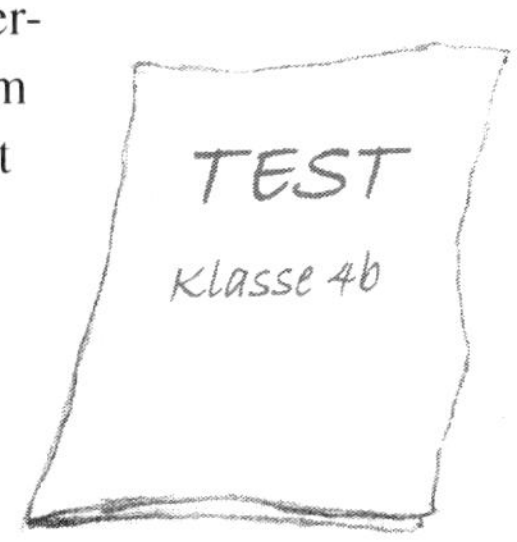

Gesprächs- und Schreibanlässe

Tom spricht mit Dieter und erkennt, dass er ihn völlig falsch eingeschätzt hat.

- Wie schnell entscheidest du, ob du jemanden magst oder nicht? Hast du deine Haltung zu jemandem schon einmal geändert?
- Was denkst du, wie andere dich einschätzen?
- Wurdest du selbst schon einmal falsch eingeschätzt?
- Wie hast du dich dabei gefühlt?

Die Freundschaft zwischen Tom und Jonas steht auf der Kippe.

- Stand für dich auch schon einmal eine Freundschaft auf der Kippe?
- Was war der Anlass? Wie ist es ausgegangen?
- Schreibe Jonas einen Brief und gib ihm Ratschläge, wie er die Freundschaft retten kann.

Hinweise zu den Kopiervorlagen

KV Seite 53

Verpurzelte Pause

Die Schüler bringen den Inhalt des 11. Kapitels wieder in die richtige Reihenfolge. Ob alles korrekt ist, kann an der Lösung abgelesen werden. Lernschwächere Kinder werden die Streifen nicht ohne Nachsehen in der Lektüre sortieren können. Gegebenenfalls können Sie gemeinsam mit diesen Schülern das Kapitel nochmals lesen und parallel dazu jeweils den richtigen Streifen auswählen lassen.

Lösung

(E)	Malte und Jonas stürmen auf Tom zu.
(I)	Tom lässt die beiden stehen und geht zu Dieter.
(N)	Dieter gibt Tom den kopierten Mathetest.
(N)	Tom nimmt den Test und mustert Dieter.
(E)	Ihm fällt besonders Dieters Kleidung auf.
(U)	Tom bedankt sich bei Dieter für seine Hilfe.
(E)	Anschließend lädt er Dieter zu seinem Geburtstag ein.
(R)	Dieter ist skeptisch und vermutet, dass Tom ihn nur wegen seiner Mutter einlädt.
(F)	Tom erfährt, warum Dieter immer so dicke Klamotten anhat.
(R)	Tom erkennt, dass er sich geirrt hat.
(E)	Dieter nimmt die Einladung zu Toms Geburtstag schließlich an.
(U)	Tom zwinkert Dieter zu und fühlt sich stark.
(N)	Er geht zu Malte und Jonas und gibt ihnen den Mathetest.
(D)	Dann verlangt Tom von Malte, dass er Dieter nie mehr „den Doofen" nennt.

Lösung: EIN NEUER FREUND

KV Seite 54/55

Tom spricht mit Dieter

Die Schüler üben die richtige Zeichensetzung der wörtlichen Rede. Da hier mit dem Buchtext des 11. Kapitels gearbeitet wird, der auch als Lösungskontrolle dient, liegt das Blatt in zwei Varianten vor.

Anschließend korrigieren die Kinder häufig gebrauchte oder besondere Wörter aus dem Kapitel und festigen sie dadurch. Ihr Wortschatz wird ausgebaut.

Lösung Seite 54 (Level 1 und 2)
Aufgabe 1:
Also rede ich weiter**:** **„**Mensch, wie du den verdammten Zettel da rausgekriegt hast …**"**
Aber ich bin noch nicht fertig**:** **„**Ich meine nicht nur, dass du das toll hingekriegt hast.**"**
Ich mache eine bedeutungsvolle Pause und dann lasse ich die Bombe platzen**:** **„**Ich habe Dieter übrigens gerade zu meinem Geburtstag eingeladen.**"**
„Bist du fertig?**",** fragt Dieter.
„Ist es, weil meine Mutter vor Kurzem in der Stadt mit deiner über mich gesprochen hat?**",** fragt Dieter schließlich.
„Wo ist denn dein Vater?**",** frage ich.
„Ach so**",** sage ich.

Aufgabe 2:
Tin**t**e, ein bi**ss**chen, Gebur**t**stag, Mu**tt**er, **Z**e**tt**el, re**tt**en

Lösung Seite 55 (Level 3)
Aufgabe 1:
Also rede ich weiter**:** **„**Mensch, die hätten uns beide erwischen können.**"**
Ich sage**:** **„**Du, Dieter, ich wollte dich zu meinem Geburtstag einladen.**"**
Ich mache eine bedeutungsvolle Pause und dann lasse ich die Bombe platzen**:** **„**Ich habe Dieter übrigens gerade zu meinem Geburtstag eingeladen.**"**
„Bist du fertig?**",** fragt Dieter mitten in meine Gedanken hinein.
„Ist es, weil meine Mutter neulich in der Stadt mit deiner über mich gesprochen hat?**",** fragt Dieter mich schließlich.
„Wieso? Wo ist denn dein Vater?**",** frage ich.
„Ach so**",** sage ich und dann weiß ich nicht weiter.

Aufgabe 2:
siehe Lösung zu Level 1 und 2

KV Seite 56

In der Tinte sitzen

Toms Mutter benutzt die Redewendung „in der Tinte sitzen", um Toms aktuelle Situation anschaulich zu beschreiben. Die Schüler kennen sicherlich schon die ein oder andere Redewendung. Sammeln Sie diese gemeinsam an der Tafel und besprechen Sie deren Bedeutung.

Anschließend ordnen die Kinder die vorgegebenen Phrasen und Erläuterungen passend einander zu und setzen eine ausgewählte Redewendung zeichnerisch um. Die Rateaufgabe wird den Schülern Spaß machen. Natürlich muss die Lösung abgedeckt werden, wenn dem Partner das eigene Rätselbild gezeigt wird.

Lösung
Aufgabe 1:
Tom steckt in Schwierigkeiten.

Aufgabe 2:

Redewendung	Erklärung
den Kopf in den Sand stecken	Man ist verzweifelt und will sich am liebsten verstecken.
sich etwas zu Herzen nehmen	Man nimmt etwas sehr ernst.
jemandem den Kopf waschen	Man sagt jemandem ordentlich die Meinung.
ein Brett vor dem Kopf haben	Man nimmt etwas nicht wahr, obwohl es eigentlich ganz klar ist.
zu allem seinen Senf dazugeben	Man mischt sich überall ein.
jemandem einen Bären aufbinden	Man erlaubt sich mit jemandem einen Witz.

Weiterführende Anregungen

- Hängen Sie die gemalten Redewendungen zusammen mit den passenden Erklärungen im Klassenzimmer auf.
- Bereiten Sie ein Memory zum Thema „Redewendungen" vor. Legen Sie dazu Paarkärtchen an: Auf einer Karte steht die Redewendung, auf der anderen die dazugehörige Erläuterung. Gespielt wird nach den üblichen Regeln.
- Manche Redewendungen lassen sich pantomimisch gut darstellen. Ein Schüler zieht einen Zettel mit einer Redewendung und spielt sie der Klasse vor. Die Mitschüler raten. Es kann auch in Gruppen gespielt werden.

KV Seite 57

Die ganze Wahrheit

Tom muss immer wieder wichtige Gespräche führen. Anhand der Kopiervorlage können die Schüler ihren Wortschatz erweitern. Aus diesem Wortschatz werden dann passende Wörter für den Lückentext ausgesucht und eingetragen. Dabei sind verschiedene Lösungen möglich. Natürlich können auch zusätzliche Wörter aus dem Wortfeld ergänzt werden. Die Schüler müssen jedoch darauf achten, dass sie den Sinn des Gesagten unterstützen. Es kann zu zweit gearbeitet werden.

Das anschließende betonte Vorlesen macht den Kindern Spaß. Es kann auch übertrieben werden, damit man noch besser hören kann, ob das gewählte Wort passt.

Lösung

Aufgabe 1:

wispern, berichten, erklären, ~~stampfen~~, rufen, tuscheln, erzählen, ~~schielen~~, ~~hüpfen~~, ~~lauschen~~, betteln, fragen, flüstern, kreischen, jammern, ~~klatschen~~, ~~klopfen~~, murmeln, schimpfen, ~~trampeln~~, schreien

Aufgabe 2:

z. B. Tom flüstert/murmelt/wispert: „Papa, ich muss dir etwas beichten."
Tom bettelt/kreischt: „Bitte funktioniere! Mach einfach eine Kopie!"
Dieter befiehlt/ruft: „Komm, wir müssen uns beeilen!"
Ich murmle/schimpfe: „Sei leise. Das muss ja nicht jeder mitkriegen …"
Tom ruft/schimpft/erklärt: „Ich blamier mich doch nicht bis auf die Knochen! Dann feiere ich gar nicht!"
„Ist es, weil meine Mutter vor Kurzem mit deiner über mich gesprochen hat?", fragt Dieter.
Mama ruft/jammert/erklärt: „Ach, Tom, du sitzt richtig in der Tinte!"

Weiterführende Anregungen

- Die Schüler denken sich aus, wie das bevorstehende Gespräch zwischen Tom und seinem Vater wohl ablaufen könnte. Dabei sollen sie darauf achten, dass sie passende Wörter des Wortfelds „sagen" verwenden.
- Spielen Sie mit der Klasse ein Wortfeldspiel. Ein Schüler zieht einen Begriff zum Wortfeld „sagen". Er denkt sich einen Satz aus, der zu diesem Begriff passt, und trägt ihn so vor, dass die Mitschüler den Wortfeldbegriff erraten können. Wenn er zum Beispiel den Begriff „jammern" zieht, dann jammert er ganz herzzerreißend: „Ich hab mir das Knie verletzt." Oder er kreischt: „Da drüben steht Lionel Messi!", wenn er „kreischen" gezogen hat. Wurde der Begriff richtig erraten, ist das nächste Kind an der Reihe.

KV Seite 58

Tischgespräche

Die Schüler bewerten Jonas' Verhalten und äußern sich in Aufgabe 1 dazu. Was würden sie in Toms Situation machen? Manch ein Kind wird eventuell keinen Ausweg sehen. Thematisieren Sie das bei einer anschließenden Besprechung von Aufgabe 2 ebenso wie die verschiedenen Lösungsvorschläge der Klasse.

Mit der dritten Aufgabe wird dann ausgehend vom Text ein Bezug zum persönlichen Lebensumfeld der Schüler hergestellt. Da der Tisch vereinfacht von oben dargestellt wird, reicht es aus, wenn die Kinder die Personen als beschriftete Kreise andeuten. Die Ergebnisse werden miteinander verglichen und besprochen.

13. und 14. Kapitel: **Süße Überraschungen**

Inhalt

Als Tom morgens in die Schule kommt, ist Dieter bereits da und erzählt ihm, dass Spinne krank ist und somit der Mathetest ausfällt. Tom ist sehr erleichtert, denn ohne Test gibt es auch keinen Betrug. Dieter schlägt überraschenderweise vor, Jonas Nachhilfe in Mathematik zu geben. Tom ist über so viel Hilfsbereitschaft erstaunt und schämt sich für sein früheres Auftreten Dieter gegenüber. Jonas bittet Tom um ein Gespräch unter vier Augen. Er entschuldigt sich für sein feiges Verhalten und den Druck, den er gemacht hat. Er hat Angst, dass die Freundschaft zwischen Tom und ihm nun kaputt ist. Tom verzeiht ihm jedoch. Er erzählt ihm von Dieters Nachhilfeangebot.

Auch Toms Mutter ist erleichtert, dass die ganze Sache so gut für alle ausgegangen ist. Am Nachmittag beichtet Tom alles seinem Vater. Dieser regt sich zuerst auf. Dann macht er Tom aber noch mal in aller Ruhe klar, wie blöd er sich verhalten hat. Dieters Vorschlag, Jonas Nachhilfe zu geben, findet Toms Vater richtig gut. Er bestraft Tom nicht, sondern vertraut darauf, dass er so etwas nie wieder tut. Tom ist gerührt und umarmt seinen Vater spontan. Zusammen essen sie anschließend Donauwellen und sehen fern. Später telefoniert Tom mit Dieter. Er freut sich, einen neuen Freund gefunden zu haben.

Gesprächs- und Schreibanlässe

Dieter bietet Jonas Nachhilfeunterricht in Mathematik an.
- Hast du Nachhilfeunterricht? In welchem Fach?
- Was gefällt dir daran?

Tom überlegt sich, Dieter Nachhilfeunterricht im „Albernsein“ und „Herumspinnen“ zu geben.
- Worin könntest du Nachhilfe geben?
- Welche Nachhilfe würde dir Spaß machen?

Jonas entschuldigt sich für sein Verhalten. Tom nimmt die Entschuldigung an.
- Hättest du Jonas' Entschuldigung auch angenommen? Warum? Warum nicht?
- Erzähle von einer Situation, in der du dich schon einmal entschuldigt hast.

Hinweise zu den Kopiervorlagen

KV Seite 59 **Das Telefonat**
Tom erfährt während des Telefonats neue Dinge über Dieter. Auch die Kinder sollen miteinander ins Gespräch kommen und etwas Neues über einen Mitschüler erfahren. Der Partner wird zufällig gewählt. Die Gespräche können verteilt im Klassenzimmer geführt werden. Besprechen Sie vorher gegebenenfalls die Gesprächsregeln beim Telefonieren wie „begrüßen“, „aussprechen lassen“, „Fragen stellen“ und „verabschieden“.

Anschließend kehren die Schüler an ihren Platz zurück und beantworten die Fragen zum Gespräch (Aufgabe 2). Wer möchte, kann das Telefonat auch zu zweit der Klasse vorspielen. Zusätzlich motiviert es viele Kinder, wenn durch entsprechende Utensilien eine Telefonsituation nachgestellt werden kann, z. B. durch zwei Telefone, einen Raumteiler und zwei Stühle.

Durch die letzte Aufgabe werden die Kinder angeregt, sich vertiefend über weitere Mitschüler Gedanken zu machen und Dinge zu erfahren, die sie bisher nicht wussten. Geben Sie den Kindern, z. B. täglich vor der Pause, die Zeit und die Möglichkeit, sich gegenseitig zu befragen.

KV Seite 60

Es geht mir gut!

Für Tom geht die Geschichte ziemlich gut aus. Mit den Blättern „Bauchgefühle“ (Seite 29) und „Gefühlschaos“ (Seite 45) haben sich die Schüler bereits mit verschiedenen Gefühlslagen auseinandergesetzt. In den Sätzen aus dem Kapitel werden die Stellen markiert, die die positiven Bauchgefühle zum Ausdruck bringen. Sie spiegeln den guten Ausgang der Geschichte wider. Mit der zweiten Aufgabe wiederholen die Schüler, wie sich die einzelnen Personen in den letzten Kapiteln verhalten haben.

Was tun die Kinder selbst, wenn sie ein schlechtes Gefühl haben, damit es ihnen besser geht? Vieles ist denkbar, z. B. heiße Schokolade trinken, es dem Teddy erzählen, Musik hören oder einen Entschuldigungsbrief schreiben. Besprechen Sie die Ergebnisse im Plenum. Die Schüler lernen dadurch ein Handlungsrepertoire kennen, auf das sie bei Bedarf zurückgreifen können.

Lösung

Aufgabe 1:

Mama ist natürlich heilfroh, als ich ihr erzähle, dass der Mathetest ausfällt.
Und dann springe ich auf und werfe mich in Papas Arme.
Aber das kann meine gute Laune nicht trüben.
Papa pfeift anerkennend durch die Zähne.
Jetzt zwinkert Papa mir zu.

Aufgabe 2:

Toms Mutter: Sie hört Tom zu und gibt ihm Ratschläge, wie er sich verhalten könnte.
Tom: Er erzählt seinen Eltern die Wahrheit.
Toms Vater: Er umarmt Tom ganz fest und vertraut ihm, dass er so etwas nie wieder tut.

Nach der Lektüre

Nach Beenden des Buches haben die Schüler eine Menge Ergebnisse vorzuweisen. Dazu zählen nicht nur die fertige Lesestraße und diverse ausgefüllte Arbeitsblätter, sondern auch vielfältige Gedanken zu den Themen „Freundschaft“ und „Außenseiter“. Sie wurden sensibilisiert, selbstständig zu denken, sich eine eigene Meinung zu bilden und sie auch zu hinterfragen. Warum sollte man diese Entwicklung nur im eigenen Klassenzimmer aufzeigen? Als Multiplikatoren für die genannten Themen können die Schüler einen kurzen Vortrag verbunden mit einer Buchvorstellung vorbereiten und den Parallelklassen vorstellen. Sie können ein großes Plakat dazu gestalten, ihre Lieblingsszenen malen bzw. beschreiben oder sogar als Rollenspiel einüben und vortragen. Die Lesestraßen können im Schulhaus für die Eltern und Mitschüler ausgestellt werden.

Gesprächs- und Schreibanlässe

Nun kann Toms Geburtstagsfeier kommen! Eine Sache ist diesmal anders als sonst: Dieter wird auch dabei sein.

- Wie werden die anderen Kinder reagieren?
- Wird Dieter von allen akzeptiert werden?
- Wie wird Dieters Schulalltag in Zukunft aussehen?

Bieten Sie den Schülern folgende Impulse für eine eigene Geschichte:

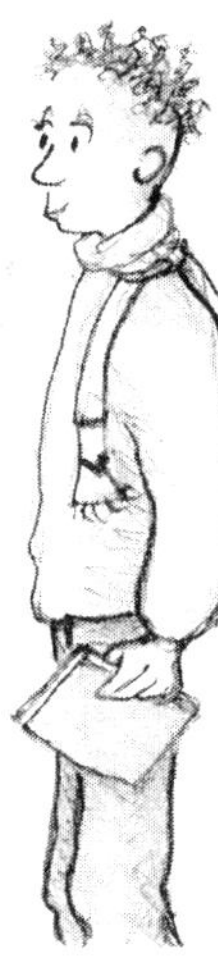

- Alle sind auf die Geburtstagsparty gekommen. Tom sieht, dass sich Jonas nun auch gut mit Dieter versteht, und wird eifersüchtig …
- Malte kann es auf der Party einfach nicht lassen und macht Witze über Dieter. Die meisten Kinder lachen mit ihm. Dieter ist bereits kurz davor, die Feier zu verlassen …
- Toms Freunde sind schon alle auf der Feier. Zum Schluss kommt Dieter. Es wird mucksmäuschenstill und alle sehen Tom skeptisch an. Da kommt Jonas ihm zu Hilfe …

Weitere Unterrichtsvorschläge

- Nachdem die Schüler die Lektüre nun kennen, bietet es sich an, zum Thema „Freundschaft“ eine Fotostory zu erstellen. Dafür kann die Geschichte übernommen oder auch verändert werden. Teilen Sie die Schüler in Gruppen ein und die einzelnen Kapitel gegebenenfalls unter ihnen auf. Die Figuren aus der Lektüre sollten immer von den gleichen Kindern dargestellt werden. Die Schüler stellen wichtige Szenen und Schlüsselmomente dar und fotografieren sie. Die entstandenen Fotos werden in Gruppenarbeit aufgeklebt und mit Sprech- und Denkblasen beschriftet. Die fertige Fotostory kann als Wandzeitung im Klassenzimmer oder Schulhaus aufgehängt oder gebunden im Klassenzimmer ausgelegt werden. Sie können eine zweite Ausfertigung auch mit einem Begleitbrief an die Autorin an die folgende Adresse schicken: Hase und Igel Verlag GmbH, Lektorat, Stichwort: Tom, Frei-Otto-Straße 18, 80797 München.

- Der Inhalt des Buches eignet sich gut dafür, als Theaterstück umgesetzt zu werden. Die Schüler entwerfen ihren eigenen Text und erstellen passende Kulissen. Besonders motivierend ist die anschließende Aufführung vor der Parallelklasse oder vor den Eltern.

Hinweise zu den Kopiervorlagen

KV Seite 61

Von Anfang bis Ende

Mit den zusammenfassenden Fragen können Sie nochmals das sinnentnehmende Lesen der Schüler üben. Wer schafft es, alle Fragen ohne die Lektüre zu beantworten? Anhand der Lösung können die Kinder ihre Ergebnisse selbst überprüfen.

Lösung

1. Dass Tom einen Klassenkameraden zu seiner Geburtstagsfeier einlädt, den er nicht leiden kann.
2. Er soll die Pflanzen gießen und heimlich die Matheaufgaben kopieren.
3. „Ach, Tom, du sitzt richtig in der Tinte!"
4. Der Test wird nicht geschrieben, weil Herr Spintig krank ist.
5. Donauwellen.

Lösung: Tom in der Tinte

KV Seite 62

Worüber schreiben Sie am liebsten?

Die Schüler werden sehr gespannt sein, etwas über die Autorin zu erfahren. Umso mehr, wenn sie Frau Reiders persönlichen Brief lesen. Da sie die Kinder direkt anspricht und sie zudem dazu auffordert, ihr zu schreiben, werden die Schüler motiviert sein, einen Antwortbrief zu verfassen. Sie können über viele Dinge berichten, z. B. darüber, wie ihnen die Lektüre gefallen hat, was sie dazu gearbeitet haben, ob sie selbst schon einmal etwas Ähnliches erlebt haben oder was sie sonst noch über die Arbeit einer Autorin wissen wollen.

Vertiefend können Sie Fragen zur Autorin stellen, die von den Kindern anhand des Infotextes und des Briefes beantwortet werden. Sie können die Antworten farbig unterstreichen.

Mögliche Fragen sind beispielsweise:

- Wo lebt die Autorin? Mit wem?
- Wie viele Kinder- und Jugendbücher hat sie bereits geschrieben?
- Womit kennt sich die Autorin gut aus?
- Worüber schreibt sie deshalb am liebsten?

Weiterführende Anregung

Die Kinder können im Internet nach weiteren Informationen über die Autorin stöbern, z. B. auf ihrer Homepage *(www.katjareider.de)*.

KV Seite 63/64

Gemeinschaftsspiele

Planen Sie die Gemeinschaftsspiele immer wieder während der Lektürezeit ein. Besprechen Sie die Erfahrungen und Eindrücke der Kinder. Zu jedem Spiel wird eine Auswahl an Fragen angeboten. Letztlich geht es darum, zum einen das Bewusstsein für Gemeinschaft allgemein und zum anderen die Klassengemeinschaft im Besonderen zu stärken.

Einige Ideen zur Durchführung, besonders für das anschließende Besprechen, wurden durch das Gewaltpräventionsprojekt „aufgschaut" der Münchner Polizei angeregt. Weitere Informationen dazu finden Sie unter *www.polizei.bayern.de*.

Das Ziel des Spiels „Knoten lösen" ist die Erkenntnis, dass eine Gruppe einem Knoten ähnelt. Je fester ein Knoten ist, desto schwerer ist er zu lösen. Auch eine Gruppe kann nicht so leicht geteilt werden, wenn der Zusammenhalt unter den einzelnen Gruppenmitgliedern groß ist. Die Schüler merken außerdem, dass Kommunikation und gemeinsame Entscheidungen für den Erfolg unabdingbar sind. So kann man den Knoten wieder lösen. Auch Probleme lassen sich zusammen und im Gespräch leichter lösen. Ein Tipp: Spielen Sie zuerst mit kleinen Gruppen, weil diese schneller und einfacher entwirrt werden können.

Bei „König auf dem Thron“ organisieren sich die Spieler während des Spiels selbst. Sie kommunizieren viel miteinander, um zum größtmöglichen Erfolg zu kommen. Die Kinder lernen, sich gegenseitig zu helfen und zusammenzuarbeiten. So werden auch weniger beliebte Mitschüler miteinbezogen. Besonders wichtig ist hier, dass beim Misslingen der Aufgabe kein Einzelner die Schuld bekommt, sondern deutlich wird, dass die Gruppe das Ziel nicht erreicht hat. Bei der Gesprächsrunde sollten auch die Schüler zu Wort kommen, denen das Spiel nicht gefallen hat. War jemandem das Spiel unangenehm? Der Begriff „Schutzzone“ kann aufgegriffen werden.

Mit dem Spiel „Oben auf!“ werden die Schüler wieder in eine Situation gebracht, die Vertrauen und Gemeinschaft fordert und fördert. Beachten Sie, dass sich die Schüler bei diesem Spiel zum Teil sehr nahe kommen und dies nicht jedem angenehm ist. Weisen Sie die Kinder vorab darauf hin und vereinbaren Sie ein Zeichen, dass es einzelnen Spielern ermöglicht, aus dem Spiel auszusteigen, ohne dass es dadurch abgebrochen wird. Die anschließende Besprechung ist hier besonders wichtig. Achten Sie darauf, dass die Stühle kippsicher sind.

Das vierte Spiel sorgt für eine ausgelassene Stimmung. Beim Kreisaufbau der Stühle sollten persönliche Gegenstände wie zum Beispiel eine Jacke über der Stuhllehne entfernt werden. Es gibt hier nicht „meinen“ Stuhl. Die Kinder bringen einerseits Wissen über ihre Mitschüler ein, andererseits erfahren sie neue Dinge – und sie haben mit Sicherheit viel Spaß!

Weiterführende Anregungen

- Teilen Sie die Spielanleitungen an alle Schüler aus. So bleiben ihnen die Spiele und die Erfahrungen dazu im Bewusstsein.
- Ähnlich wie das Spiel „Oben auf!“ wird „Inselklau“ gespielt, das Sie im Sportunterricht mit der Klasse durchführen können. Dabei werden mehrere Kreise aus Reifen gelegt. Die Schüler stehen darin. Das Wasser steigt, die äußeren Inseln gehen unter. Die Kinder müssen mehr und mehr in die mittleren Reifen, also zu den „höher“ gelegenen Inseln gelangen. Betritt ein Schüler den Boden außerhalb eines Reifens, fällt er ins „Wasser“ und das Spiel ist beendet, denn er wurde von den anderen nicht ausreichend unterstützt.
- Stellen Sie die Vielfältigkeit Ihrer Klasse mit einem selbst gesäten Blumenbeet mit Wildblumen dar. Hier ist die bunte Mischung von unterschiedlichen Arten selbstverständlich.

Name:

LEVEL 1 2 3

Tom in der Tinte – Lesestraße

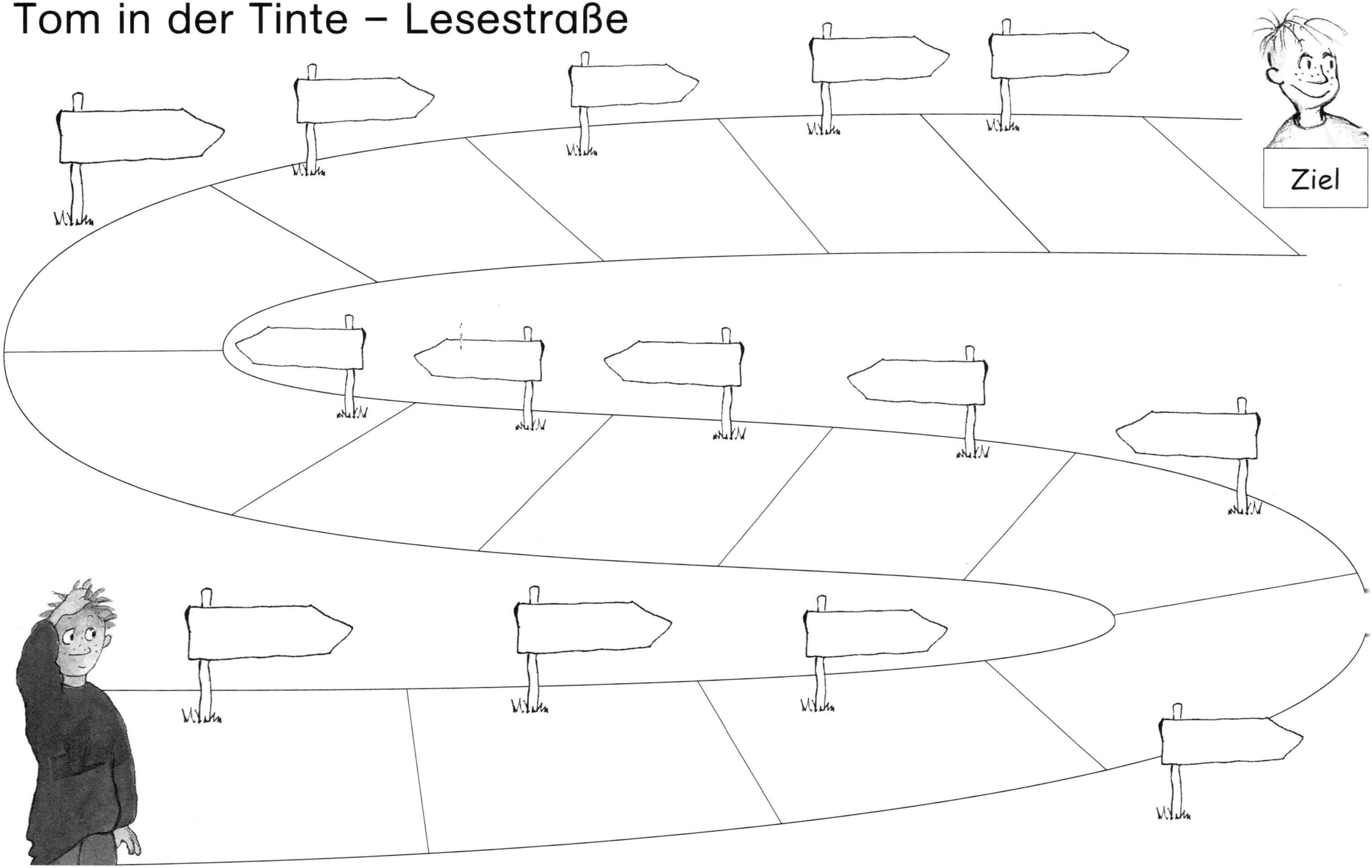

Name:

Wünsche und Meinungen

Mein Name ist ______________________________

Ich könnte mir vorstellen, neben ______________________________

oder ______________________________

oder ______________________________ zu sitzen.

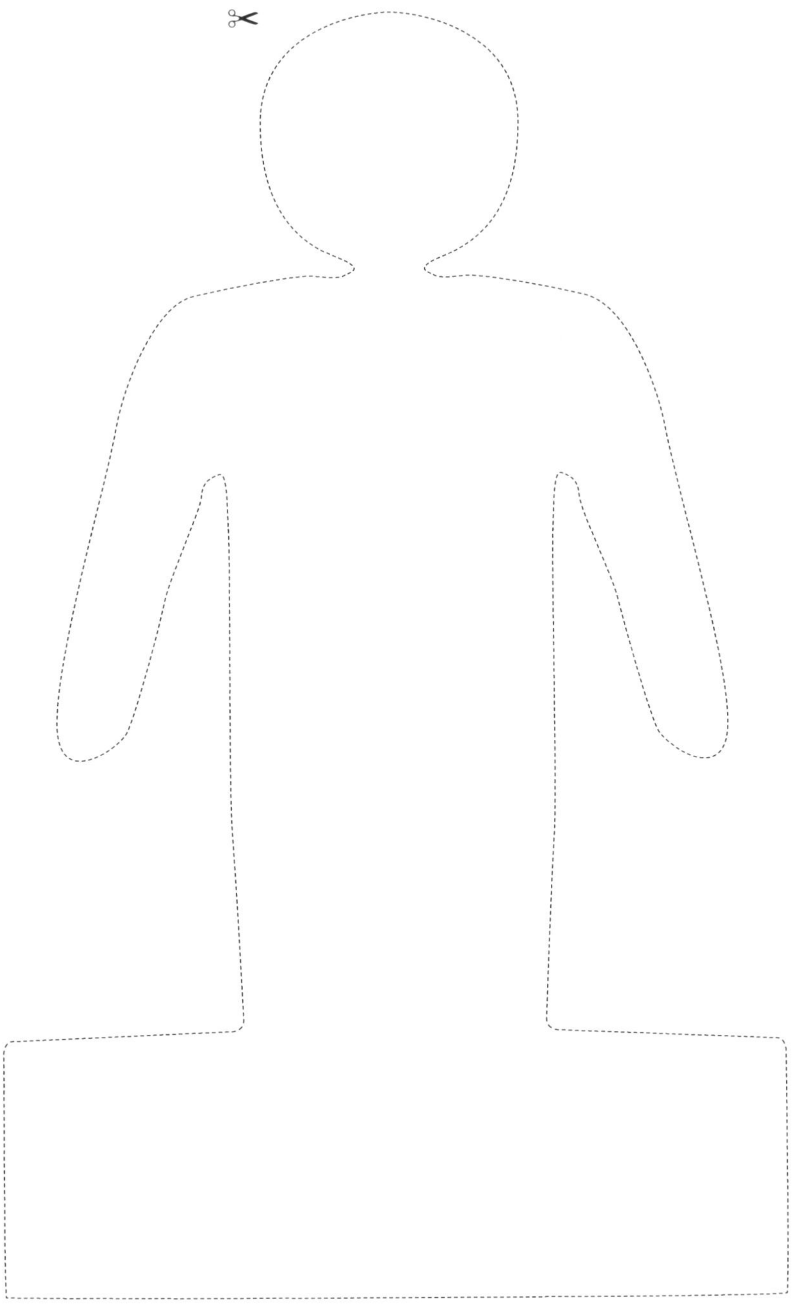

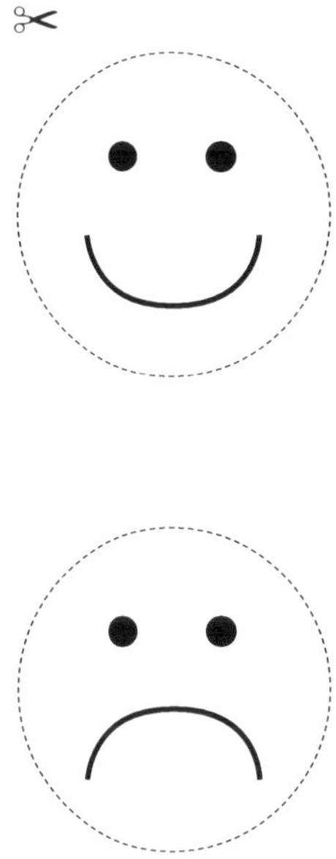

Name:

LEVEL 1 2 3

Rätselhaft durchs 1. Kapitel

Trage die gesuchten Wörter in Großbuchstaben ein. Die grauen Kästchen ergeben von oben nach unten gelesen ein Lösungswort.

ß = SS

1. Tom hat Gummibärchen gegessen. Er hat keinen …
2. Was kocht Toms Mutter fast jeden Tag?
3. Seine Mama achtet bei Tisch sehr auf gutes …
4. Wann haben Tom, Cem und Moritz sozusagen bereits Freundschaft geschlossen? Vor der …
5. Wen soll Tom einladen?
6. Wie bezeichnet Tom Dieter? Als …
7. Wer sollte die Matheaufgaben an die Tafel schreiben?
8. Was hat Malte an die Tafel gemalt?
9. Toms Mathelehrer heißt Bodo …
10. Wie fand Tom die Zeichnung von Malte?
11. Er fand sie aber auch ein bisschen …
12. Welchen Spitznamen hat der Mathelehrer von Tom?
13. Was räumt Toms Mutter am Ende betont ruhig ein? Die …
14. Was schmeißt Tom hinter sich zu? Die …

Lösungswort: ______________________________

Name:

LEVEL 1 2 3

Rätselhaft durchs 1. Kapitel

Trage die gesuchten Wörter in Großbuchstaben ein. Die grauen Kästchen ergeben von oben nach unten gelesen ein Lösungswort.

ß = SS

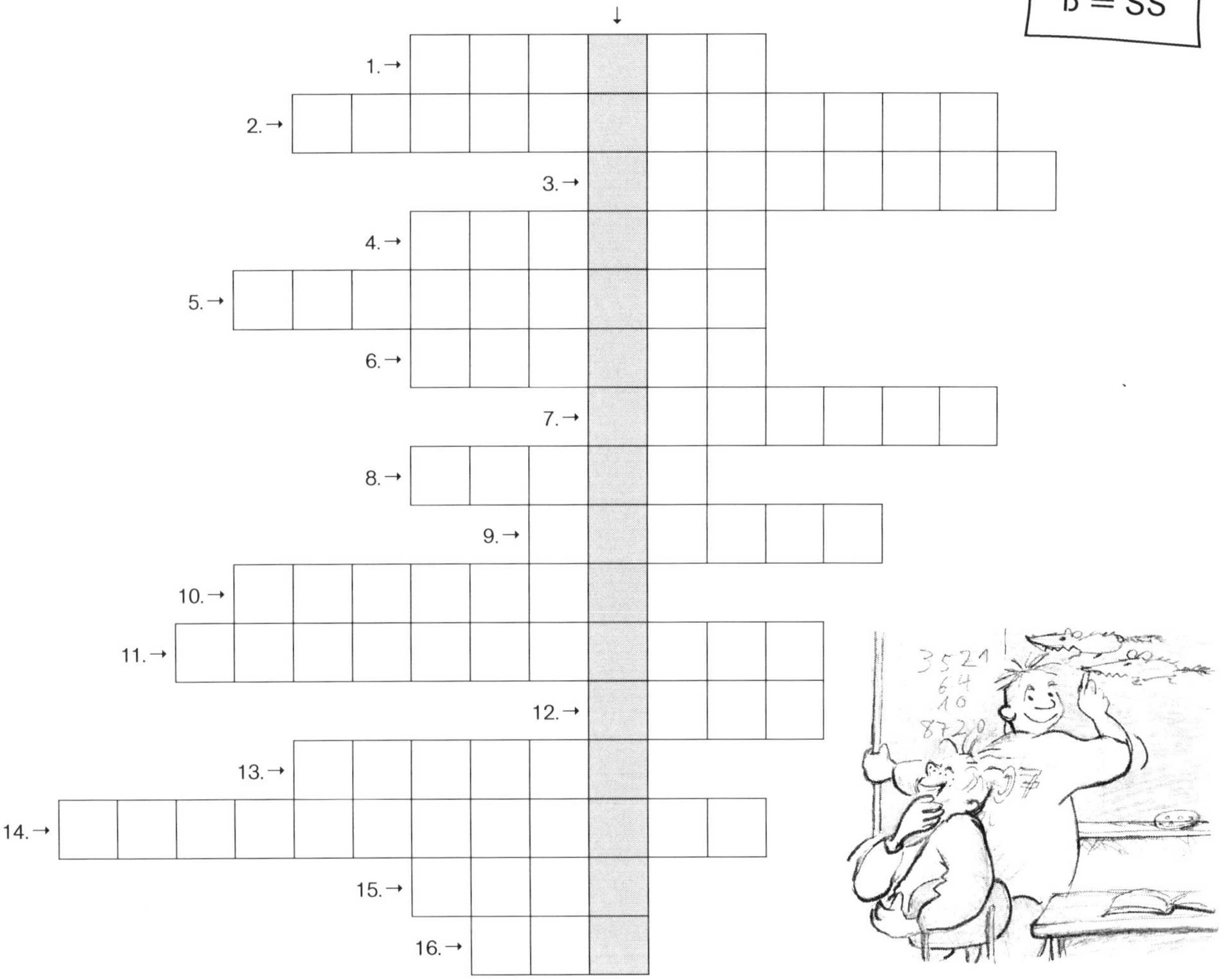

1. Tom hat Gummibärchen gegessen. Er hat keinen …
2. Was kocht Toms Mutter fast jeden Tag?
3. Seine Mama achtet bei Tisch immer auf gutes …
4. Wann haben Tom, Cem und Moritz sozusagen bereits Freundschaft geschlossen? Vor der …
5. Toms Babypuppenvergangenheit soll geheim bleiben, also …
6. Wen soll Tom einladen?
7. Wie bezeichnet Tom Dieter? Als …
8. Wer sollte die Matheaufgaben an die Tafel schreiben?
9. Was hat Malte an die Tafel gemalt?
10. Toms Mathelehrer heißt Bodo …
11. Wie fand Tom die Zeichnung von Malte?
12. Er fand sie aber auch ein bisschen …
13. Welchen Spitznamen hat der Mathelehrer von Tom?
14. Wohin räumt die Mutter ihren Teller und das Besteck? In die …
15. Tom soll in … darüber nachdenken.
16. Was schmeißt Tom hinter sich zu? Die …

Lösungswort: ______________________________

Name:

LEVEL 1 2 3

Merkwürdige Rezepte

Hier ist etwas durcheinandergeraten. Bringe die Anleitung wieder in die richtige Reihenfolge.

für drei Personen

Nudeln kochen

So geht's:

◯ Lass die Spaghetti zehn Minuten kochen und rühre dabei ein paarmal um.

◯ Schütte in das kochende Wasser eine Packung Spaghetti.

◯ Übergieße sie zum Schluss kurz mit kaltem Wasser – fertig!

◯ Bring einen Topf mit Salzwasser zum Kochen.

◯ Stelle ein Sieb ins Waschbecken und schütte die bissfesten Spaghetti hinein.

◯ Drehe die Temperatur etwas herunter, sodass die Spaghetti noch leicht vor sich hin köcheln.

Lies das Rezept. Zu viel Text hat sich hier eingeschlichen. Streiche überflüssige Kommentare durch.

für drei Personen

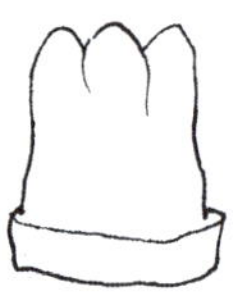

Rühreier

So geht's:

1. Um Rühreier zu machen – die übrigens sehr lecker sind –, brauchst du eine Zwiebel, vier Eier, etwas Milch, Salz, Pfeffer und Öl.
2. Schneide zuerst die Zwiebel in kleine Stücke. Pass auf, dass du nicht weinen musst!
3. Brate die Zwiebel in einer Pfanne mit etwas Öl an. Rühre mehrmals um.
4. Schlage die Eier in ein Schälchen und gib einen Schuss Milch dazu, also fast den ganzen Rest. Rühre gut um. Das macht stark. Gib auch eine Prise Salz und etwas Pfeffer dazu.
5. Schütte die Ei-Milch-Mischung in die Pfanne. Mmh, wie das duftet! Rühre immer wieder mal um, bis das Ei eine goldgelbe Farbe hat.

Guten Appetit!

Name:

Bauchgefühle

Nach dem Gespräch mit seiner Mutter trägt Tom ein ganz bestimmtes Bauchgefühl mit sich herum. Welches ist es? Schreibe in Großbuchstaben.

Welche Gefühle hast du manchmal im Bauch?

Versuche, drei dieser Gefühle bildlich darzustellen. Verwende dafür auch passende Farben.

Beispiel: 

Name:

LEVEL 1 2 3

Freundschaft

Beantworte die Fragen zum 3. Kapitel.

Sieh im Text nach.

1. Male an: Toms bester Freund heißt …

Hans | Dieter | Paul | Jonas

2. Wie sieht das Frühstück bei Toms Freund aus? Kreuze an.

- ☐ Er sitzt am Frühstückstisch, der Papa liest Zeitung und die Mama schmiert ihm sein Marmeladenbrot.
- ☐ Er isst Müsli und ist nie fertig, wenn Tom ihn abholen will.
- ☐ Er isst morgens gar nichts, sondern putzt sich seine Zähne und geht sofort zur Schule.

3. Wie wird Toms bester Freund beschrieben? Kreise ein.

groß | klein | Ohrring | Supergrübchen beim Lachen

weint viel | lange Haare | Kringellocken | dick

Wer ist deine beste Freundin oder dein bester Freund?

Schreibe über deinen Freund oder deine Freundin ein Akrostichon auf ein Blatt.

T otal lustig
O berschlau
M ag Schokolade

Name:

LEVEL 1 2 3

Dein erster Schultag

Bringe von zu Hause ein Foto von deinem ersten Schultag mit und klebe es in den Rahmen ein.

Mein erster Schultag war

am ______________________.

Kannst du dich noch an diesen Tag erinnern? An deine Gefühle? Sprich mit einem Partner über deine Erinnerungen. Die Wörtersammlung hilft dir.

Schultüte	Geschenke	Kleidung	Aufregung
Lehrerin	Freunde	Sitzbank	Familie

Hast du gut zugehört? Vergleiche deinen ersten Schultag mit dem deines Partners. Trage in die Tabelle ein.

1. Schultag	ich	mein Partner: ________________
Schultüte		
Lehrerin		
Sitznachbar		

Name:

LEVEL 1 2 3

In Bildern nacherzählt

In Toms Alltag ist viel los. Schreibe unter jedes Bild einen passenden Satz und male zu den Sätzen jeweils ein passendes Bild.

Lies im 4. Kapitel nach.

Dieter steht keine fünf Meter entfernt. Er beginnt in einem Buch zu lesen.

Dieter ist in allem top, außer in Sport. An der Kletterstange hängt er wie ein nasser Sack.

Frau Bender-Breitenbacher hat ein Plakat von *Jugend forscht* an die Pinnwand im Klassenzimmer gehängt.

Name:

LEVEL 1 2 3

Forscher gesucht

Kennst du *Jugend forscht*? Das ist ein Wettbewerb, der besondere Leistungen und Begabungen in Naturwissenschaften, Mathematik und Technik fördert.

Toms Klasse hatte Ideen für diesen Wettbewerb. Hast du auch schon einmal etwas beobachtet oder ein Experiment gemacht? Notiere Stichworte dazu.

____

____

____

____

Für welche Themen interessierst du dich? Kreuze an oder ergänze.

☐ Menschen ☐ Obst ☐ Fahrräder ☐ Träume

☐ Tiere ☐ Gemüse ☐ Computer ☐ Musik

☐ Gartenpflanzen ☐ Technik ☐ Freunde ☐ Bücher

☐ Zimmerpflanzen ☐ Autos ☐ Familie ☐ ______________

Was würdest du gerne erforschen? Denke dir ein Experiment oder eine Frage aus. Sammelt eure Ideen in der Klasse.

Das würde ich gerne erforschen: ______________________________

____

____

____

Wird die Erdanziehung ausgetrickst?

Du brauchst:

- einen dicken Wollfaden
- einen kleinen Krug mit Wasser
- Glas
- Klebeband

So geht's:

1. Mach den Faden richtig nass.
2. Klebe ein Fadenende an der Innenseite des Glases fest.
3. Binde das andere Ende am Griff des Kruges fest.
   Lass den Faden über den Ausguss des Kruges laufen.
4. Halte den Krug seitlich über das Glas. Dabei muss der Faden fest gespannt sein.
5. Lass nun das Wasser ganz langsam aus dem Krug laufen.

Was denkst du: Kann das Wasser so in das Glas laufen, ohne dass der Tisch nass wird? ☐ ja ☐ nein

Was hast du beobachtet? Warum ist das wohl so?

____

____

Hast du genug Puste?

Du brauchst:

- Stabkerze mit Kerzenhalter
- Glasflasche

So geht's:

1. Setze dich an einen Tisch. Stelle die Flasche vor dich hin.
2. Stelle die Kerze direkt hinter die Flasche und zünde sie an.
3. Versuche nun, die Kerze auszupusten.

Kreuze deine Vermutung an:

☐ Ich schaffe es, die Kerze auf diese Weise auszupusten.

☐ Ich schaffe es nicht, die Kerze auf diese Weise auszupusten.

Was hast du beobachtet?

____

Was denkst du, warum das so ist?

____

Name: LEVEL 1 2 3

Rätselhaft durchs 5. und 6. Kapitel

Trage die gesuchten Wörter in Großbuchstaben ein. In den grauen Kästchen ergibt sich dann ein Lösungswort aus dem 6. Kapitel. Ergänze es.

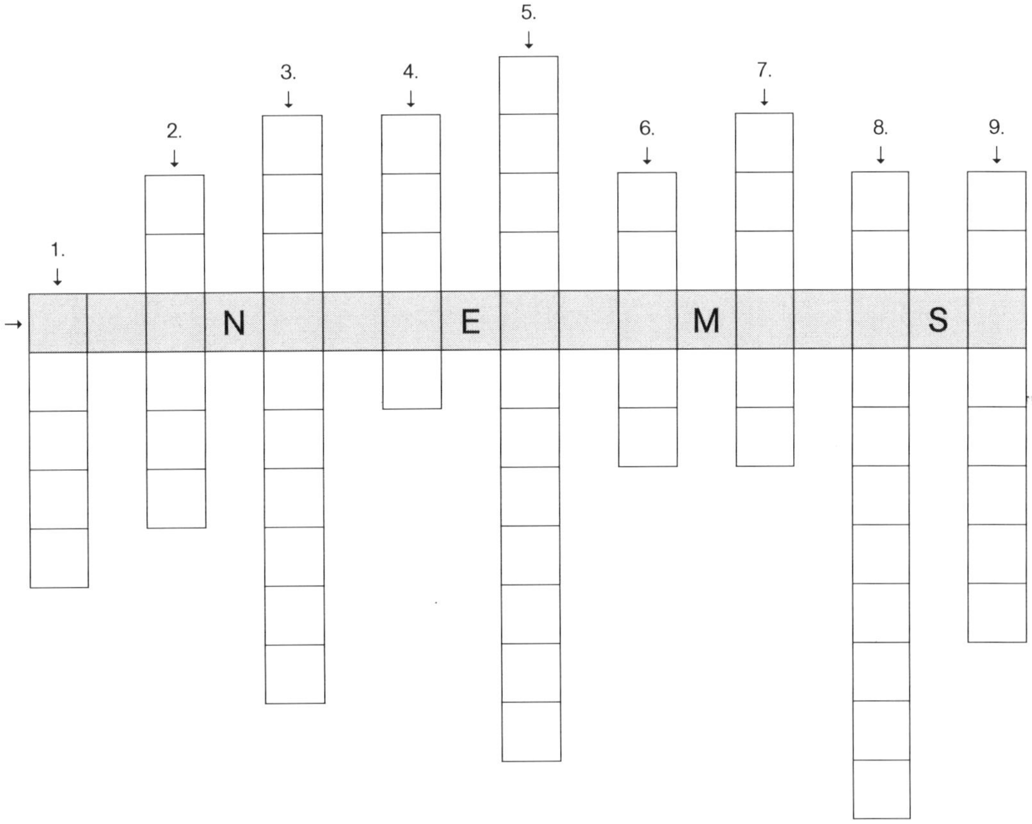

1. Das unterrichtet Bodo Spintig. (Seite 38)
2. Bei wichtigen … halten Papa und Mama immer zusammen. (Seite 49)
3. Das hat Dieter im Winter als Erster an. (Seite 40)
4. Spinne und Dieter sind manchmal wirklich eine … (Seite 40)
5. So soll Dieter sich machen, scherzt Alina. (Seite 43)
6. Toms Mutter heißt jetzt … (Seite 41)
7. „Warum gebt ihr Dieter nicht einfach eine …?“, fragt Mama. (Seite 46)
8. Papa mag es auch nicht, wenn jemand … wird. (Seite 49)
9. Dieter ist Spinnes … (Seite 40)

Lösungswort: ______________________________

Name:

LEVEL 1 2 3

Rätselhaft durchs 5. und 6. Kapitel

Trage die gesuchten Wörter in Großbuchstaben ein. Ergänze dann das Lösungswort in den grauen Kästchen. Es stammt aus dem 6. Kapitel.

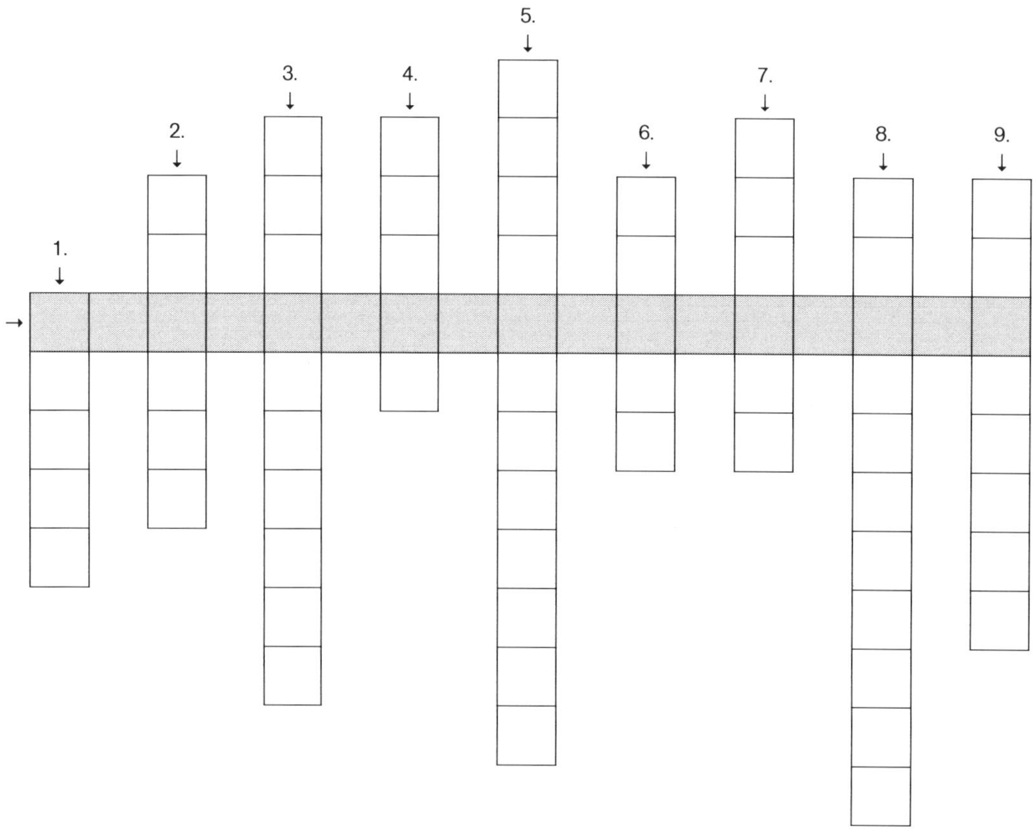

1. Das unterrichtet Bodo Spintig.
2. Bei wichtigen … halten Papa und Mama immer zusammen.
3. Das hat Dieter im Winter als Erster an.
4. Spinne und Dieter sind manchmal wirklich eine …
5. So soll Dieter sich machen, scherzt Alina.
6. Toms Mutter heißt jetzt …
7. „Warum gebt ihr Dieter nicht einfach eine …?“, fragt Mama.
8. Papa mag es auch nicht, wenn jemand … wird.
9. Dieter ist Spinnes …

Lösungswort: ________________

Name:

LEVEL 1 2 3

Namen, Namen, Namen

Tom macht sich Gedanken über Vornamen. Doch woher kommen Nachnamen eigentlich? Lies den folgenden Text. Unterstreiche die wichtigen Informationen.

In Deutschland hat heutzutage jeder einen Nachnamen. Früher war das anders. Weil nicht so viele Menschen zusammen lebten, reichte ein Vorname völlig aus. Als es immer mehr Menschen gab, brauchte man Nachnamen, um sie besser unterscheiden zu können.

Seit 1900 kann man seinen Namen nur noch über ein Gericht ändern lassen. Der Nachname wird seitdem automatisch von den Eltern auf die Kinder übertragen. Man sagt auch Familienname dazu. Familiennamen sind auf unterschiedliche Weise entstanden:

1. Rufname als Familienname
Der Rufname, also der Vorname des Vaters oder in seltenen Fällen auch der Mutter, wurde als Nachname für das Kind genutzt. Zum Beispiel hieß der Vater mit Vornamen Ernst. Seinen Sohn hat er Heinrich genannt. So hieß das Kind mit vollem Namen Heinrich Ernst.

2. Herkunftsname
Menschen, die an einen neuen Ort gezogen sind, wurden manchmal nach ihrem Herkunftsort benannt. Zum Beispiel kam ein Mann namens Rainer aus Obershausen und hieß somit Rainer Obershausen.

3. Wohnstättenname
Manchmal wurden Personen nach der Gegend benannt, in der sie lebten. Dabei waren ein Gebirge, ein Fluss, eine Wiese oder andere landschaftliche Besonderheiten Namensgeber. Zum Beispiel wohnte eine Frau namens Frieda an einer besonders schönen, grünen Wiese. So wurde sie Frieda Grünwiese genannt.

4. Berufsname
Manche Menschen wurden nach ihrem Beruf oder auch nach dem für den Beruf notwendigen Material oder Handwerkszeug benannt. Typische Beispiele hierfür sind Müller, Bäcker, Schmied, Hammer oder Nagel.

5. Übername
Menschen wurden sogar nach einer bestimmten Eigenschaft benannt, nach ihrem Aussehen oder einem wichtigen Ereignis in ihrem Leben. Zum Beispiel hieß ein Mann Otto Reich oder Carl Groß.

Bildet Gruppen und vergleicht eure Ergebnisse. Gestaltet ein Plakat zum Thema, das ihr der Klasse vorstellt. Orientiert euch an folgenden Fragen.

Warum gibt es Nachnamen?

Wie entstanden sie?

Lassen sich eure Nachnamen auf diese Weise einteilen?

LEVEL 1 2 3

Name:

Fair oder unfair?

Typberatung
Machen auch Sie das Beste aus Ihrem Typ, Dieter.
Machen Sie sich durchsichtig!

Kreuze die richtigen Antworten an. Male anschließend den passenden Daumen an.

1. Was hat Alina mit diesem Zettel wohl gemeint?
   - ☐ Alina mag Dieter nicht.
   - ☐ Alina mag Dieter sehr gern.
   - ☐ Dieter ist nicht willkommen in der Klasse und soll lieber fernbleiben.

   Wie findest du ihr Verhalten Dieter gegenüber?

2. Auch Malte ärgert Dieter. Wie?
   - ☐ Er zwickt Dieter.
   - ☐ Er beschießt ihn mit einem Papierflieger.
   - ☐ Er äfft Dieter nach.

   Wie findest du sein Verhalten Dieter gegenüber?

Manche Kinder verhalten sich Dieter gegenüber sehr unfair. Wie verhält man sich besser? Male die passenden Aussagen grün an.

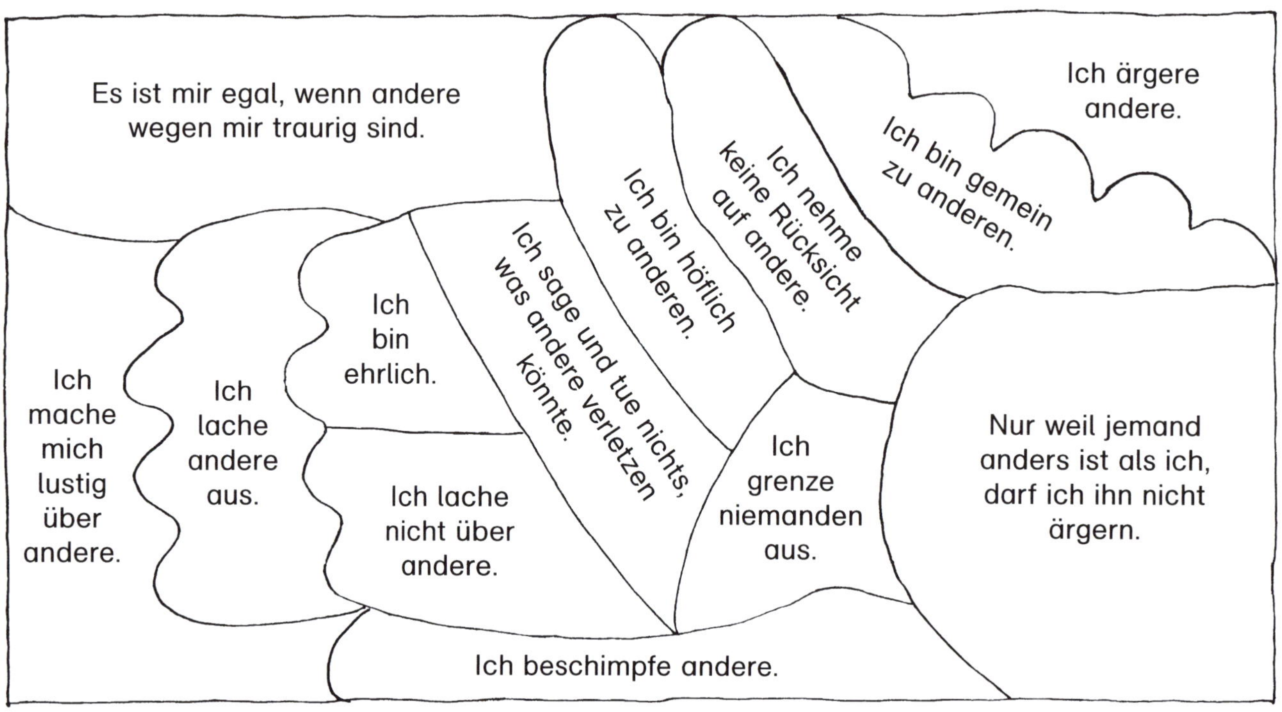

Name:

LEVEL 1 2 3

Gedanken

Sieh dir das Bild genau an und erzähle zuerst, was dir auffällt.
Was könnte Dieter denken, als er Malte gähnen sieht?
Was könnte Malte denken, während er gähnt? Schreibe auf.

Stell dir vor, du sitzt in Toms Klasse. Wie kannst du auf folgende Situationen reagieren, damit es besser ausgeht? Schreibe auf.

1. Alina hat gerade den Zettel mit der „Typberatung" zu dir weitergereicht. Du liest den Zettel. Was tust du?

2. Dein Nachbar hat den Zettel auch gelesen und laut gelacht. Du sagst:

„ "

3. Malte bastelt gerade seinen Papierflieger. Du weißt, was er vorhat, und flüsterst ihm zu:

„ "

4. Dieter wurde von Maltes Papierflieger getroffen. Du sagst:

„ "

Welchen Daumen kannst du für dein Verhalten anmalen?

Name:

LEVEL 1 2 3

Verdächtig gutes Essen

Als Tom nach Hause kommt, riecht es richtig gut. Seine Mutter hat sein Lieblingsessen nach Papas Rezept gekocht. Was ist es? Male an.

Nudeln mit Tomatensoße	Hackbällchen mit Bratkartoffeln	Fischstäbchen und Kartoffelbrei

Auch Toms Papa hat eine verdächtige Leckerei für Tom. Male.

Was glaubst du, warum sich Toms Eltern so große Mühe mit leckerem Essen geben? Tausche dich mit einem Partner aus.

Wie ist es bei dir zu Hause? Kreuze in der Tabelle an.

	wahr	falsch
Bei uns kocht immer meine Mama.	☐	☐
Mein Papa kann kochen.	☐	☐
Ich helfe beim Kochen.	☐	☐
Wir essen gemeinsam.	☐	☐
Wir sitzen in der Küche.	☐	☐
Wir essen um 19 Uhr.	☐	☐
Wir dürfen beim Essen nicht reden.	☐	☐
Abends essen wir meistens warm.	☐	☐
Ich sitze neben meiner Mutter.	☐	☐
Das Abendessen dauert bei uns eine Stunde.	☐	☐
Wir essen vor dem Fernseher.	☐	☐
Als Belohnung gab es schon mal mein Lieblingsessen.	☐	☐

Hackbällchen à la Toms Papa

ergibt sechs Stück

Leider sind Toms Papa die Mengenangaben verloren gegangen.
Ordne sie wieder richtig zu.

Du brauchst:

- ________________ Zwiebel
- ________ gemischtes Hackfleisch
- Salz, Pfeffer, Paprikapulver edelsüß
- ________ Paniermehl oder Semmelbrösel
- _____ Ei
- Öl

So geht's:
Hacke die geschälte Zwiebel klein. Gib die Zwiebel, das Hackfleisch, das Ei und das Paniermehl in eine große Schüssel.
Streue nun etwas Salz, Pfeffer und Paprikapulver darüber und vermische alles mit deinen Händen.
Nimm von der Hackmasse nun etwas heraus und rolle es in deiner Hand zu einem Bällchen. Erhitze Öl in einer Pfanne. Lege die Hackbällchen hinein und lasse sie ungefähr 10 Minuten braten, bis sie rundherum braun sind.

Guten Appetit!

3 EL | 1 | eine mittelgroße | 200 g

Süße Himbeerbutter

für vier Personen

Du brauchst:
- 500 g weiche Butter
- 200 g Himbeeren
- 8 EL Honig
- etwas Vanillezucker

So geht's:
Püriere die Himbeeren und die Butter im Mixer.
Gib das Himbeerpüree in eine Schüssel und füge den Honig hinzu. Rühre alles gut durch.
Schmecke mit ein wenig Zucker ab.

Streiche die Himbeerbutter auf eine Scheibe Brot oder ein Brötchen. Mmmh, lecker!

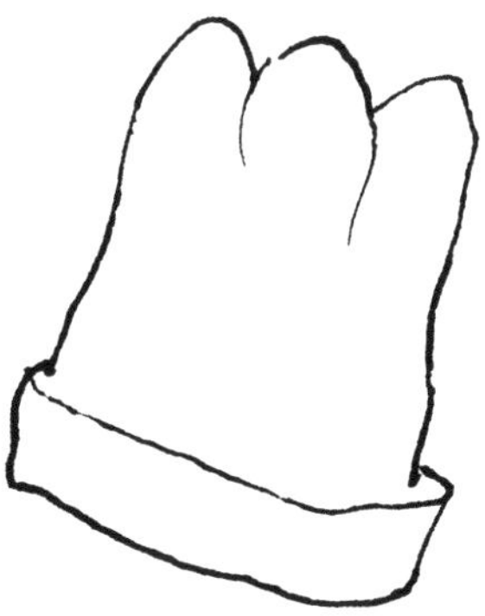

Name:

LEVEL 1 2 3

Unser Freundschaftsrezept

Entwickle mit einem Freund euer eigenes Freundschaftsrezept.
Folge Schritt für Schritt der Anleitung.

1. Lustige Maßeinheiten

2. Was ist in einer Freundschaft wichtig?

1.		2.
4 Eimer •		• ______________________
7 Schuss •		• Ehrlichkeit
3 Fingerhut •		• ______________________
______________________ •		• ______________________
______________________ •		• ______________________

3. Verbindet die Zutaten mit der für euch passenden Maßeinheit. Schreibt euer Rezept nun gemeinsam auf. Folgende Zubereitungsmöglichkeiten helfen euch.

im Ganzen — kalt stellen — in mundgerechten Stücken

ruhen lassen — regelmäßig umrühren — vorsichtig unterheben

Freundschaftsrezept

von ______________________ **und** ______________________

So geht's:

____

____

____

____

____

____

____

____

Name:

LEVEL 1 2 3

Rätselhaft durchs 7. Kapitel

Trage die gesuchten Wörter in Großbuchstaben ein. Aus den Buchstaben in den grauen Kästchen ergibt sich unten die Lösung.

Spinne kündigt einen Mathetest an. Für

	B						5		1

! (Seite 51)

Der Test soll den Schülern angeblich eine Chance geben,

ihre Noten zu

V					3	7			

. (Seite 51)

Doch Malte kriegt sofort

		2	S	11		

Augen. (Seite 51)

Auch Jonas will die Klasse nicht

10		E				9				

. (Seite 51)

Da haben Jonas und Malte eine Idee:

Tom soll den

13			14		L

mit den Aufgaben heimlich

beim Pflanzengießen auf den

		P		6			

legen. (Seite 54)

Tom kapiert nur langsam.

Dann fällt der

G			4	8			

. (Seite 55)

Er hat eigentlich keine Nerven für solche Aktionen. Aber der Vorschlag erscheint ihm

als einzige Möglichkeit, Jonas zu

		12		E	

. (Seite 57)

Deshalb stimmt Tom schließlich zu.

Lösung:

1	2	3	4

5	6	7	8	9	10	11	12	13	14

Name:

Rätselhaft durchs 7. Kapitel

Trage die gesuchten Wörter in Großbuchstaben ein. Aus den Buchstaben in den grauen Kästchen ergibt sich unten die Lösung.

Spinne kündigt einen Mathetest an. Für _ _ _ _ _ _ _ _(5) _ _(1) !

Der Test soll den Schülern angeblich eine Chance geben,

ihre Noten zu _ _ _ _ _ _(3) _(7) _ _ _ .

Doch Malte kriegt sofort _ _ _(2) _ _(11) _ _ Augen.

Auch Jonas will die Klasse nicht _(10) _ _ _ _ _ _(9) _ _ _ _ .

Da haben Jonas und Malte eine Idee:

Tom soll den _(13) _ _ _(14) _ _ mit den Aufgaben heimlich

beim Pflanzengießen auf den _ _ _ _ _(6) _ _ _ legen.

Tom kapiert nur langsam.

Dann fällt der _ _ _ _(4) _(8) _ _ _ .

Er hat eigentlich keine Nerven für solche Aktionen. Aber der Vorschlag erscheint ihm

als einzige Möglichkeit, Jonas zu _ _ _(12) _ _ _ .

Deshalb stimmt Tom schließlich zu.

Lösung:

1	2	3	4

5	6	7	8	9	10	11	12	13	14

Name:

LEVEL 1 2 3

Gefühlschaos

Jonas und Malte setzen Tom ziemlich unter Druck. Was soll er für sie tun?

____

Tom hat jede Menge Bauchgefühle. Welche passen? Schreibe sie in den Bauch.

fröhlich

mutig

kalt und heiß zugleich

großartig

übel

glücklich

unglücklich

durcheinander

ängstlich

verwirrt

verliebt

entspannt

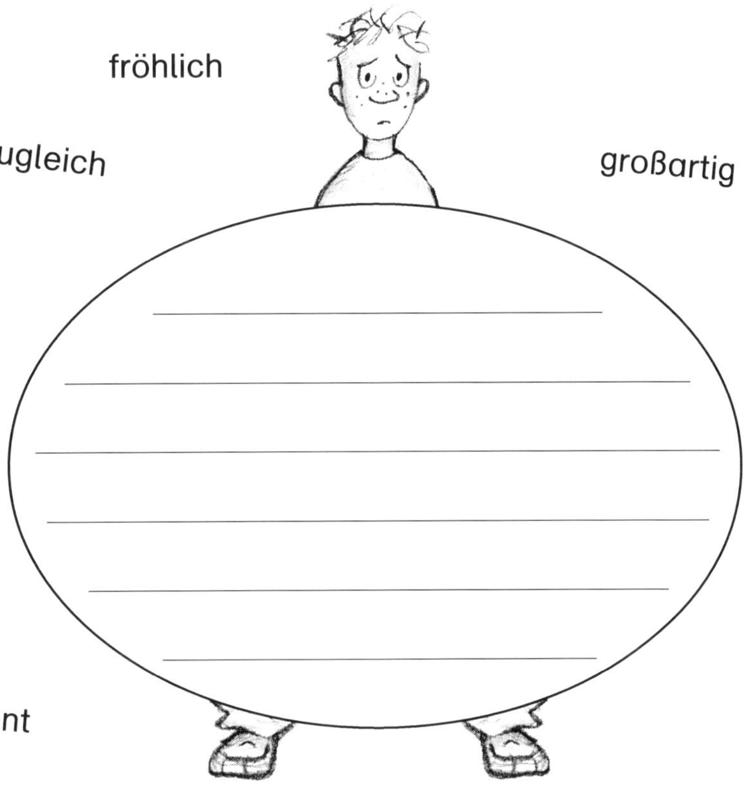

Tom geht es nicht gut mit Maltes Vorschlag. Aus verschiedenen Gründen kann er aber nicht Nein sagen. Welche sind das? Male an.

Er möchte Jonas helfen, damit er nicht sitzen bleibt.	Tom will nicht feige sein.	Er macht es, weil er fünf Euro dafür bekommt.
Er hat Angst, alle Freunde zu verlieren.	Tom möchte damit ein Mädchen beeindrucken.	Tom will nicht ohne Jonas in der Klasse sein.

Name: ____________________

LEVEL 1 2 3

Gefühlsgedichte

Tom durchlebt viele schlechte Gefühle. Aber es gibt auch gute Gefühle. Wie geht es dir heute? Beschreibe deine Gefühle in verschiedenen Gedichtformen. Schreibe auf ein Blatt.

Elfchen

Rondell

1 ____________________
2 ____________________
3 ____________________
1 ____________________
4 ____________________
5 ____________________
1 ____________________
2 ____________________

1 Wut ist in meinem Bauch!
2 Ein gewaltiges Gefühl.
3 Ich wurde einfach überstimmt.
1 Wut ist in meinem Bauch!
4 Sie muss raus.
5 Mit ihr geht es mir nicht gut.
1 Wut ist in meinem Bauch!
2 Ein gewaltiges Gefühl.

Pyramide

Wut
Wut ist
Wut ist sehr
Wut ist sehr stark
Wut ist sehr stark und
Wut ist sehr stark und macht
Wut ist sehr stark und macht Bauchweh.

Name:

LEVEL 1 2 3

Toms Albtraum

Tom hat einen Albtraum. Sieh dir das Bild dazu genau an. Was kannst du erkennen? Schreibe auf.

Träume kann man manchmal erklären. Schreibe deine Gedanken zu Toms Albtraum auf.

Welchen Rat gibst du Tom, damit er sich wieder wohlfühlen kann?

Name:

LEVEL 1 2 3

Schülerträume

Damit Tom für den nächsten Tag fit ist, geht er extra früh ins Bett. Wie sind deine Schlafgewohnheiten? Vervollständige die Sätze.

Ich gehe um ____________________ Uhr ins Bett.

Ins Bett bringt mich ____.

Im Bett ____.

Vor dem Einschlafen ____________________________________.

Eine typische Angewohnheit von mir ist es, im Schlaf zu ______________.

Morgens wache ich durch ___________________________ auf.

Nach dem Wecken stehe ich ___________________________ auf.

Jeder Mensch träumt. Sogar Tiere träumen manchmal. An welchen Traum kannst du dich noch erinnern? Male ihn mit Farbstiften auf.

Sprecht im Sitzkreis über eure Ergebnisse.

Name:

LEVEL 1 2 3

Es geht los!

Im 9. Kapitel macht Tom sich Gedanken über Malte. Lies nochmals nach und schreibe in die Gedankenblase.

Tom will für seinen Freund Jonas etwas tun, was nicht richtig ist. Überprüfe dich selbst und entscheide ehrlich. Kreuze an.

	Das würde ich für einen Freund/eine Freundin tun.	Das würde ich für einen Freund/eine Freundin nicht tun.
den Klassendienst übernehmen	☐	☐
bei einer Probe abschreiben lassen	☐	☐
die Sachen aufräumen	☐	☐
mein Pausenbrot teilen	☐	☐
meine Fußballkarte schenken	☐	☐
jemanden ärgern, weil er/sie es sagt	☐	☐
für ihn/sie lügen	☐	☐
den Turnbeutel tragen	☐	☐
Schokolade stehlen, weil er/sie Lust darauf hat	☐	☐

Name:

LEVEL 1 2 3

Musik erzählt Geschichten

Toms Gedanken lassen sich mit verschiedenen Instrumenten musikalisch „nacherzählen“. Bereite dich vor.

Welche Instrumente von unten habt ihr zur Verfügung? Klebe sie hier auf und schreibe jeweils den Namen dazu. Ergänze Instrumente, die fehlen.

Probiere jedes Instrument aus. Welches Adjektiv passt jeweils? Schreibe dazu.

Spiele mal laut und mal leise, mal schnell und mal langsam!

Spielt in kleinen Gruppen mit passenden Musikinstrumenten folgende Situationen nach.

Malte zerstört Toms Hoffnung, dass er nicht ins Lehrerzimmer gehen muss.

Tom grübelt über seinen unangenehmen Auftrag.

Plötzlich klingelt es zur Pause und es geht los.

✂

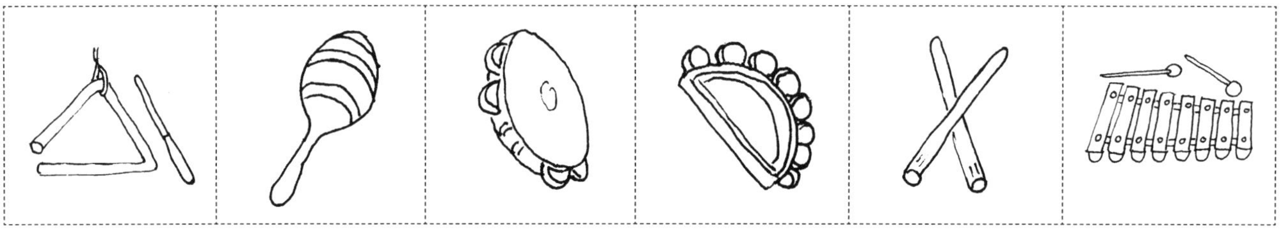

Name:

LEVEL 1 2 3

Was ist richtig?

Lies das 10. Kapitel aufmerksam. Kreuze anschließend jeweils das richtige Satzende an.

1. Aber das Lehrerzimmer …
   - ☐ ist im zweiten Stock.
   - ☐ liegt genau daneben.
   - ☐ befindet sich eine Etage höher.

   Seite 74

2. Der Kopierer …
   - ☐ steht direkt im Lehrerzimmer.
   - ☐ steht direkt vor dem Lehrerzimmer.
   - ☐ ist zum Glück kaputt.

   Seite 75

3. Ich biege um die Ecke und pralle voll …
   - ☐ gegen die Wand.
   - ☐ gegen eine offene Tür.
   - ☐ mit jemandem zusammen.

   Seite 78

4. Dieter lässt das Buch sinken und …
   - ☐ starrt mich verwundert an.
   - ☐ lacht mich aus.
   - ☐ reibt sich die Augen.

   Seite 79

5. Zu meinem Entsetzen spüre ich, …
   - ☐ wie er auf mich zukommt.
   - ☐ wie mir Tränen in die Augen schießen.
   - ☐ wie ich anfange zu zittern.

   Seite 79

6. „Ich wollte den Zettel mit dem …
   - ☐ Musiktest klauen."
   - ☐ Deutschtest vernichten."
   - ☐ Mathetest kopieren."

   Seite 79

7. Aber Dieter packt mich plötzlich …
   - ☐ am Bein.
   - ☐ am Arm.
   - ☐ am Ellbogen.

   Seite 80

Überprüfe deine Antworten mit der Lektüre. Die Seitenangaben können dir dabei helfen.

Name:

LEVEL 1 2 3

Was ist richtig?

Lies das 10. Kapitel aufmerksam. Kreuze anschließend jeweils das richtige Satzende an.

1. Aber das Lehrerzimmer …
   - [ ] ist im zweiten Stock.
   - [ ] liegt genau daneben.
   - [ ] befindet sich eine Etage höher.

2. Der Kopierer …
   - [ ] steht direkt im Lehrerzimmer.
   - [ ] steht direkt vor dem Lehrerzimmer.
   - [ ] ist zum Glück kaputt.

3. Ich biege um die Ecke und pralle voll …
   - [ ] gegen die Wand.
   - [ ] gegen eine offene Tür.
   - [ ] mit jemandem zusammen.

4. Dieter lässt das Buch sinken und …
   - [ ] starrt mich verwundert an.
   - [ ] lacht mich aus.
   - [ ] reibt sich die Augen.

5. Zu meinem Entsetzen spüre ich, …
   - [ ] wie er auf mich zukommt.
   - [ ] wie mir Tränen in die Augen schießen.
   - [ ] wie ich anfange zu zittern.

6. „Ich wollte den Zettel mit dem …
   - [ ] Musiktest klauen.“
   - [ ] Deutschtest vernichten.“
   - [ ] Mathetest kopieren.“

7. Aber Dieter packt mich plötzlich …
   - [ ] am Bein.
   - [ ] am Arm.
   - [ ] am Ellbogen.

Überprüfe deine Antworten mit der Lektüre.

Name:

LEVEL 1 2 3

Verpurzelte Pause

In der Pause geht Tom auf Dieter zu und redet mit ihm. Schneide die Streifen aus und klebe sie in der richtigen Reihenfolge auf ein Blatt. Trage die Lösung ein.

Lösung: ___ ___ ___   ___ ___ ___ ___ ___   ___ ___ ___ ___ ___ ___

✂

(E) Anschließend lädt er Dieter zu seinem Geburtstag ein.

(E) Malte und Jonas stürmen auf Tom zu.

(U) Tom bedankt sich bei Dieter für seine Hilfe.

(D) Dann verlangt Tom von Malte, dass er Dieter nie mehr „den Doofen“ nennt.

(F) Tom erfährt, warum Dieter immer so dicke Klamotten anhat.

(N) Tom nimmt den Test und mustert Dieter.

(U) Tom zwinkert Dieter zu und fühlt sich stark.

(N) Dieter gibt Tom den kopierten Mathetest.

(I) Tom lässt die beiden stehen und geht zu Dieter.

(R) Dieter ist skeptisch und vermutet, dass Tom ihn nur wegen seiner Mutter einlädt.

(E) Dieter nimmt die Einladung zu Toms Geburtstag schließlich an.

(E) Ihm fällt besonders Dieters Kleidung auf.

(R) Tom erkennt, dass er sich geirrt hat.

(N) Er geht zu Malte und Jonas und gibt ihnen den Mathetest.

Name:

LEVEL 1 2 3

Tom spricht mit Dieter

Setze die richtigen Satz- und Redezeichen der wörtlichen Rede ein.
Überprüfe deine Ergebnisse mit dem 11. Kapitel.

Der vorangestellte Begleitsatz:

Also rede ich weiter   Mensch, wie du den verdammten Zettel da rausgekriegt hast …   (Seite 86)

Aber ich bin noch nicht fertig   Ich meine nicht nur, dass du das toll hingekriegt hast.   (Seite 86)

Ich mache eine bedeutungsvolle Pause und dann lasse ich die Bombe platzen   Ich habe Dieter übrigens gerade zu meinem Geburtstag eingeladen.   (Seite 93)

Der nachgestellte Begleitsatz:

Bist du fertig?   fragt Dieter.   (Seite 85)

Ist es, weil meine Mutter vor Kurzem in der Stadt mit deiner über mich gesprochen hat?   fragt Dieter schließlich.   (Seite 88)

Wo ist denn dein Vater?   frage ich.   (Seite 91)

Ach so   sage ich.   (Seite 91)

Finde die Fehler und verbessere sie. Nutze das Wörterbuch oder sieh in der Lektüre nach. Schreibe die Wörter richtig in dein Heft.

Tinnte

ein bißchen

Geburstag

zettel

Muter

reten

Name:

LEVEL 1 2 3

Tom spricht mit Dieter

Setze die richtigen Satz- und Redezeichen der wörtlichen Rede ein.
Überprüfe deine Ergebnisse mit dem 11. Kapitel.

Der vorangestellte Begleitsatz:

Also rede ich weiter   Mensch, die hätten uns beide erwischen können.

Ich sage   Du, Dieter, ich wollte dich zu meinem Geburtstag einladen.

Ich mache eine bedeutungsvolle Pause und dann lasse ich die Bombe platzen   Ich habe Dieter übrigens gerade zu meinem Geburtstag eingeladen.

Der nachgestellte Begleitsatz:

Bist du fertig?   fragt Dieter mitten in meine Gedanken hinein.

Ist es, weil meine Mutter neulich in der Stadt mit deiner über mich gesprochen hat?   fragt Dieter mich schließlich.

Wieso? Wo ist denn dein Vater?   frage ich.

Ach so   sage ich und dann weiß ich nicht weiter.

Finde die Fehler und verbessere sie. Nutze das Wörterbuch oder sieh in der Lektüre nach. Schreibe die Wörter richtig in dein Heft.

Tinnte

ein bißchen

Geburstag

zettel

Muter

reten

Name:

LEVEL 1 2 3

In der Tinte sitzen

Toms Mama sagt zu ihm, dass er „in der Tinte sitzt“. Bringe den Satz in die richtige Reihenfolge, dann weißt du, was die Redewendung bedeutet.

steckt – in – Tom – Schwierigkeiten.

Lies folgende Redewendungen. Besprich mit einem Partner, was sie bedeuten. Verbinde sie anschließend mit der passenden Erklärung.

Redewendung	Erklärung
den Kopf in den Sand stecken •	• Man mischt sich überall ein.
sich etwas zu Herzen nehmen •	• Man ist verzweifelt und will sich am liebsten verstecken.
jemandem den Kopf waschen •	• Man sagt jemandem ordentlich die Meinung.
ein Brett vor dem Kopf haben •	• Man nimmt etwas sehr ernst.
zu allem seinen Senf dazugeben •	• Man erlaubt sich mit jemandem einen Witz.
jemandem einen Bären aufbinden •	• Man nimmt etwas nicht wahr, obwohl es eigentlich ganz klar ist.

Schreibe eine Redewendung auf und male ein passendes Bild dazu. Lass deine Mitschüler raten, um welche es sich handelt.

Name:

LEVEL 1 2 3

Die ganze Wahrheit

Es kommt immer darauf an, wie man etwas sagt. Welche Wörter gehören zum Wortfeld „sagen“? Male sie an.

wispern · berichten · erklären · stampfen · rufen · tuscheln · erzählen · schielen · hüpfen · lauschen · betteln · fragen · flüstern · kreischen · jammern · klatschen · klopfen · murmeln · schimpfen · trampeln · schreien

Tom muss einige wichtige Gespräche führen. Vervollständige die Sätze und setze passende Wörter aus dem Wortfeld „sagen“ ein.

Tom ____________________: „Papa, ich muss dir etwas beichten.“

Tom ____________________: „Bitte funktioniere! Mach einfach eine Kopie!“

Dieter ____________________: „Komm, wir müssen uns beeilen!“

Ich ____________________: „Sei leise. Das muss ja nicht jeder mitkriegen …“

Tom ____________________: „Ich blamier mich doch nicht bis auf die Knochen! Dann feiere ich gar nicht!“

„Ist es, weil meine Mutter vor Kurzem mit deiner über mich gesprochen hat?“, ____________________ Dieter.

Mama ____________________: „Ach, Tom, du sitzt richtig in der Tinte!“

Lest die Sätze laut vor. Betont so, dass man genau erkennen kann, auf welche Art und Weise die Personen sprechen.

Name:

LEVEL 1 2 3

Tischgespräche

Tom erzählt seiner Mutter die ganze Geschichte. Sie findet das Verhalten von Jonas ziemlich unfair. Was denkst du?

☐ Ich finde das auch, weil ______________________________

____

☐ Ich finde das überhaupt nicht, weil ______________________________

____

Tom will Herrn Spintig nicht anrufen. Was würdest du tun?

____

____

Male deine Familie rund um den Tisch. Male ein Essen, das es bei euch zu Hause geben könnte. Worüber unterhaltet ihr euch? Ergänze zu jeder Person eine Sprechblase.

Name:

LEVEL 1 2 3

Das Telefonat

Tom telefoniert mit Dieter und erfährt einige Dinge, die er vorher noch nicht wusste. Führe ein „Telefongespräch“ mit einem Zufallspartner aus der Klasse.

Ziel ist es, von dem anderen etwas zu erfahren, das man noch nicht wusste!

Beantworte anschließend die folgenden Fragen.

Wer war dein Zufallspartner?

___

Was hat dein Zufallspartner Neues über dich erfahren?

___

Was hast du Neues über deinen Zufallspartner erfahren?

___

Über welche Kinder aus der Klasse würdest du gern mehr erfahren? Trage ein.

Frage an: ___
Wie viele Geschwister hast du?

Frage an: ___
Welches ist dein Lieblingsbuch?

Frage an: ___
Was ist dein größter Traum?

Frage an: ___

___

___

___

Frage an: ___
Wohin ging deine weiteste Reise?

Name:

LEVEL 1 2 3

Es geht mir gut!

Tom und seine Eltern haben eine Menge guter Bauchgefühle. Woran kann man das erkennen? Unterstreiche die passenden Stellen in den Sätzen.

Mama ist natürlich heilfroh, als ich ihr erzähle, dass der Mathetest ausfällt.

Und dann springe ich auf und werfe mich in Papas Arme.

Aber das kann meine gute Laune nicht trüben.

Papa pfeift anerkennend durch die Zähne.

Jetzt zwinkert Papa mir zu.

Wie haben sich Tom und seine Familie verhalten, damit er wieder gute Bauchgefühle hat? Kreuze an.

- [ ] Sie ruft sofort Toms Lehrer an und erzählt ihm alles.
- [ ] Sie hört Tom zu und gibt ihm Ratschläge, wie er sich verhalten könnte.

- [ ] Er erzählt seinen Eltern die Wahrheit.
- [ ] Er gibt Jonas und Malte den kopierten Mathetest.

- [ ] Er schimpft mit Tom und gibt ihm eine Woche Fernsehverbot.
- [ ] Er umarmt Tom ganz fest und vertraut ihm, dass er so etwas nie wieder tut.

Gute Bauchgefühle sind wichtig. Wie schaffst du es, sie wieder zu bekommen, wenn es schlecht läuft? Schreibe auf ein Blatt.

Name:

LEVEL 1 2 3

Von Anfang bis Ende

Was weißt du noch über Toms Geschichte? Kreuze die richtigen Antworten aus dem Gedächtnis an. Schreibe unten die Lösung auf.

1. Worauf besteht Toms Mutter?

- ☐ Dass Tom sein Zimmer aufräumt, weil er seine Sachen nicht mehr findet. **Jonas**
- ☐ Dass Tom einen Klassenkameraden zu seiner Geburtstagsfeier einlädt, den er nicht leiden kann. **Tom**
- ☐ Dass Tom Geigenunterricht nimmt, obwohl er Geige gar nicht mag. **Spinne**

2. Warum ist Tom im Lehrerzimmer?

- ☐ Er soll Spinne Bescheid geben, dass die Schüler im Klassenzimmer Unsinn machen. **auf**
- ☐ Er soll die Pflanzen gießen und heimlich die Matheaufgaben kopieren. **in**
- ☐ Er soll einen Kühlbeutel für einen verletzten Schüler holen. **hinter**

3. Welche Redewendung benutzt Toms Mama?

- ☐ „Ach, Tom, du sitzt richtig in der Tinte!“ **der**
- ☐ „Mensch, Tom, du musst kleinere Brötchen backen!“ **die**
- ☐ „Also, Tom, du musst ja ein Brett vor dem Kopf haben.“ **das**

4. Was passiert, nachdem Tom den Test kopiert hat?

- ☐ Jonas bekommt eine Eins und wird somit versetzt. **Kü**
- ☐ Der Test wird nicht geschrieben, weil Herr Spintig krank ist. **Tin**
- ☐ Herr Spintig lässt einen ganz anderen Test schreiben. **Ma**

5. Was besorgt Toms Papa aus der Bäckerei?

- ☐ Erdbeerplunder. **the**
- ☐ Vanillehörnchen. **tee**
- ☐ Donauwellen. **te**

Lösung: ______________________________

Name:

LEVEL 1 2 3

Worüber schreiben Sie am liebsten?

Katja Reider, geboren 1960, arbeitete nach ihrem Studium als Pressesprecherin des Wettbewerbs *Jugend forscht.* Während eines Urlaubs begann sie zu schreiben – und hörte nicht mehr damit auf. Bis heute entstanden mehr als hundert Kinder- und Jugendbücher, die zum Teil in viele Sprachen übersetzt wurden.

Katja Reider schreibt für alle Altersgruppen. Sie freut sich, wenn Kinder bei ihren Geschichten gespannt mitfiebern, sich verstanden fühlen und richtig Lust auf Lesen bekommen. Die Autorin lebt mit ihrer Familie und der Hündin Lotti in Hamburg.

Frau Reider hat euch einen Brief geschrieben.

Liebe Mädchen und Jungen,

„Über was schreiben Sie am liebsten?“ – das werde ich bei Lesungen oft gefragt. Und da muss ich nicht lange überlegen. Ich schreibe gern über die Abenteuer des Alltags: Freundschaft und Verrat, Streit und Versöhnung, Späße und Missverständnisse … das echte, wahre (Kinder-)Leben eben. Damit kenne ich mich aus. Schließlich war ich selber mal ein Kind. Und im Gegensatz zu vielen anderen Erwachsenen kann ich mich an einiges sehr gut erinnern. Beispielsweise weiß ich noch genau, wie gruselig es sich anfühlt, an die Tafel gerufen zu werden, wenn der Kopf leer ist wie ein Sparschwein nach Weihnachten. Oder neben jemanden gesetzt zu werden, den man nicht mag. Oder neben jemanden gesetzt zu werden, den man ganz besonders mag … Na, ihr wisst schon.

Einige Schulerlebnisse haben mir auch meine eigenen Kinder erzählt, oder Kinder wie ihr, bei meinen Lesungen. Daher spielen viele meiner Bücher in der Schule. Schließlich passiert hier so einiges, auch bei Tom, meiner Hauptfigur. Tom sitzt in der Tinte. Ihr wisst, was das heißt, oder? – Genau, Tom hat Probleme. Große Probleme sogar! Erst will Toms Mutter, dass er Dieter, den nervigen Klassenstreber, zu seinem Geburtstag einlädt. Und als ob das nicht schon schlimm genug wäre, bittet ihn sein bester Freund Jonas noch um einen Gefallen. Als Tom hört, was Jonas von ihm verlangt, kriegt er gleich ganz weiche Knie. Soll Tom das wirklich tun? Ist das ein Freundschaftsdienst – oder Betrug?

Ich bin sehr gespannt, wie ihr euch in Toms Situation verhalten würdet. Vielleicht habt ihr ja Lust, mir zu schreiben, nachdem ihr das Buch gelesen habt. Eventuell habt ihr auch Lust, einzelne Szenen in der Klasse nachzuspielen oder zu verändern. Ich bin sicher, dass euch zu „Tom in der Tinte“ ganz viel einfällt!

Spannende Lesestunden mit dem Buch „Tom in der Tinte“
wünscht euch

Katja Reider

Schickt euren Brief an:
Hase und Igel Verlag GmbH
Lektorat, Stichwort: Tom
Frei-Otto-Straße 18
80797 München

Knoten lösen

für 8, 10, 12 … 30 Spieler

So geht's:

1. Stellt euch in einen Kreis.
2. Streckt eure Hände nach vorn und geht langsam in die Mitte.
3. Greift mit jeder Hand eine andere Hand, die ihr zu fassen bekommt.
   Achtung: Es sollen nicht zwei Hände einer einzigen Person sein!
4. Versucht nun, den Knoten zu entwirren, ohne eure Hände loszulassen.
   Ihr braucht ein wenig Geduld, dann klappt es!

Variante:

Macht doch mal einen Wettkampf zwischen zwei Gruppen. Welche Gruppe ist am schnellsten? Welche Gruppe macht am wenigsten Lärm?

Sprecht darüber:

Was war wichtig für euren Erfolg?
Welche Gefühle hattet ihr bei dieser Übung?
Wo gibt es auch im richtigen Leben Knoten?
Kann man Knoten, also Probleme, immer lösen?
Wie geht ihr vor, wenn ihr Knoten oder Probleme löst?

König auf dem Thron

für je 3 Spieler

Ihr braucht:

verschiedene Hindernisse, z. B. Hütchen, kleine Kästen, Stäbe

So geht's:

1. Zwei Kinder bilden mit den Armen und Händen eine Sitzfläche, den Thron.
2. Das dritte Kind ist der König und setzt sich darauf. Er hält sich an den Trägern fest.
3. Auf ein Signal hin wird der König durch den Hindernisparcour getragen. Schafft ihr es, ohne dass er den Boden berührt, habt ihr gewonnen.

Wichtig: Es kommt nicht auf die Zeit an! Wenn der König den Boden berührt, dann ist das Spiel beendet, denn er wurde von seinen Partnern nicht sicher getragen.

Sprecht darüber:

Was war für euren Erfolg wichtig?
Wie fühlte sich der König?
Welche Formen von Zusammenhalt gibt es?
Wann hast du Zusammenhalt im Alltag erlebt?

Oben auf!

für die ganze Klasse

Ihr braucht:

pro Schüler einen Stuhl

So geht's:

1. Alle Schüler schieben ihren Stuhl mit der Lehne voraus in die Mitte, sodass ein Stuhlkreis entsteht. Die Schüler stellen sich auf ihren Stuhl.
2. Der Lehrer nimmt nun an einer Stelle einen Stuhl nach dem anderen weg. Die Schüler versuchen, auf so wenigen Stühlen wie möglich zusammenzurutschen.

Wichtig: Es kommt nicht auf die Zeit an! Wenn ein Spieler unfreiwillig den Boden berührt, so ist das Spiel beendet, denn er wurde von den anderen nicht gehalten.

Sprecht darüber:

Was war für euren Erfolg wichtig?
In welchen Situationen ist es auch sehr eng?
Wann macht dir Enge nichts aus?
Wann ist dir Enge unangenehm?

Tornado

für die ganze Klasse

Ihr braucht:

einen Stuhl weniger als Schüler

So geht's:

1. Die Schüler sitzen in einem großen Kreis auf ihren Stühlen.
2. Ein Schüler steht in der Mitte. Er löst den „Tornado“ mit dem Satz aus: „Der Tornado wirbelt alle durcheinander, die …“ Hier kann er verschiedene „Auslöser“ nennen, z. B. blaue Hosen tragen, einen Bruder haben, gerne schwimmen.
3. Alle Schüler, auf die das Gesagte zutrifft, müssen nun aufstehen und sich schnell einen neuen Platz suchen. Der Schüler in der Mitte versucht ebenfalls, einen freien Platz zu ergattern.
4. Der Spieler, der keinen Platz bekommt, darf als Nächster den Tornado auslösen.

Variante:

Tobt der Tornado besonders heftig, so ruft der in der Mitte stehende Schüler nur das Wort „Tornado“ und alle Schüler suchen sich einen neuen Platz.

Sprecht darüber:

In welchen Situationen ist es dir wichtig, neben wem du sitzt?